무기가 되는 ★ 스토리

무기가 되는 스토리

스토리

브랜드 전쟁에서
살아남는
7가지 문장 공식

3,000개 기업을 구원한 책

BUILDING
A STORYBRAND

도널드 밀러 지음 ◆◆◆ 이지연 옮김

윌북

〈무기가 되는 스토리〉에
쏟아진 리뷰와 찬사

이 책으로 세미나를 열어보라. 사업이 분명해지고 활기를 띠고 변신할 것이다.
도널드 밀러는 우리 사업을 지금과는 다른 방식으로
이야기할 수 있는 방법을 구체적이고 자세하게 알려준다. 물론 실용적 팁까지.

세스 고딘, 작가

꼭 도널드 밀러와 작업해보길 추천한다. 우리 회사는 도널드 밀러의 공식을
배운 후 웹사이트를 개편했고 그 결과 환상적인 효과를 보았다. 변화를 즉각
감지할 수 있었다. 그의 공식은 확실한 효과를 보장한다.
기업들의 필독서!

켄 블랜차드, 켄 블랜차드 컴퍼니의 CSO(Chief Spiritual Officer), 작가

도널드 밀러는 제품을 파는 법을 넘어, 고객의 삶을 바꾸는 법을 알려준다.
고객은 우리가 그들의 삶에서 일정한 역할을 담당해주기를 바라고,
이 책은 바로 그 방법을 알려준다. 회사를 성장시키고 싶다면 꼭 한 번 읽어보라.

존 C. 맥스웰, 작가

올해에 나온 비즈니스 서적, 마케팅 서적 중 가장 중요한 책이다.
커뮤니케이션 전문가라면 누구나 스토리의 힘을 알고 있다.

도널드 밀러는 넘쳐나는 마케팅에 파묻힌 세대들에게 백색 소음을 뚫고
나의 마케팅 메시지를 전할 수 있는 방법을 단계적으로 알려준다.

데이브 램지, 작가

도널드 밀러는 훌륭한 메시지의 요건은 처음도 끝도 '공감'이라는 사실을
다시 한 번 일깨워준다. 상대가 나를 보아주고, 들어주고, 이해하기를 바란다면
내가 먼저 상대 이야기를 '귀담아들어야' 한다. 사람들과 진정성 있는
유대관계를 형성하고 싶다면 이 책이 답이다.

빌 해즐럼, 테네시 주 49대 주지사

돈을 벌고 싶다면 이 책을 읽어봐라.
우리 회사는 이 방법을 늘 사용하면서 그 효과에 감탄한다.

라이언 데이스, 디지털마케터의 설립자 겸 CEO

브랜드 전략에 관해 내가 평생 알고 싶었던 것들을 겨우 몇 시간 만에
낱낱이 파헤쳐 알려준다. 마케팅과 관련된 일을 할 때마다 이 책이 소개하는
스토리브랜드 공식이 우리 각본이다.

로리 베이든, 사우스웨스턴 컨설팅의 공동 설립자

벌써 몇 년째 도널드 밀러의 공식을 사업에 활용하고 있다.
내가 아는 마케팅 툴 중에서 단연 최고다. 우리 회사가 출시하는 모든 제품에
이 방법을 쓴다. 나는 도널드 밀러를 직접 초청해 강연을 열었을 뿐만 아니라
만나는 사람마다 그를 추천한다.

마이클 하얏트, 작가

우리는 12월에 브랜드 각본을 만들고 이후 두 달 동안
고객의 여정 면면에 새로운 메시지를 전했다. 7개월 후 회사 전체 매출이
118퍼센트 증가했다. 우리 회사는 지금도 성장 중이다.
지난 6개월간 매달 매출이 9퍼센트 늘었다. 정말 대단하지 않은가!

에드윈 잰슨, 핏지 마케팅 팀장

우리는 우리 자신에 관해 이야기하는 것을 그만두고, 가이드로서
주변 커뮤니티에 봉사하기 시작했다. 이 드라마틱한 전환 이후 립스콤이
기여할 더 큰 비전을 중심으로 새로운 활력이 생겼고, 그 결과 앞으로
5,000만 달러가 넘는 기부금이 조성될 예정이다. 환상적인 성과였다.

존 라우리, 립스콤대학교 부총장

우리 회사의 마케팅은 서투르고 어설펐고, 이메일에 대한 고객 반응은 줄어들고
있었다. 나는 밤에도 잠을 자지 못했다. 그러나 온라인으로
스토리브랜드 수업을 구매한 후 이 공식을 즉각 적용해봤다.
반응은 믿기지 않을 정도였다. 나는 요즘 잠을 아주 잘 잔다.

앨런 리드, 리즈 데어리 CEO

암 치료의 한 방법으로 내가 홍보하고 있는 양성자치료와 관련해 TED 강연을
의뢰받았다. 하고 싶은 모든 얘기를 18분 안으로
줄인다는 것은 불가능했다. 하지만 스토리브랜드의 진행자와 하루를
꼬박 보내고 나니 희망이 생겼다. 모든 내용은 간단하고 반복 가능한 메시지로
축약할 수 있으며 그런 메시지가 청중을 사로잡는다.
내 강연은 결국 홈런을 쳤다.

스콧 해밀턴, 올림픽 금메달리스트, 스콧 케어즈 설립자

마리메이는 아름다운 종이 제품과 사무용품을 판매한다. 스토리브랜드를
알기 전 우리 회사의 마케팅은 엉망진창이었다.
스토리브랜드 7단계 공식을 이용해 웹사이트를 단순화했고,
모든 마케팅 자료에도 스토리브랜드 7단계 공식을 필터로 사용하고 있다.
스토리브랜드 공식을 실천한 이후 매출이 20배나 늘어났고, 25만 명이 넘는
사람이 우리 제품을 사용하고 있다.

질리언 라이언, 마리메이컴퍼니 설립자

스토리브랜드를 알기 전에는 내 마케팅이 완전히 실패했다고 생각했다.
사업이 한계에 달한 기분이었다. 스토리브랜드 공식을 하나씩 공부하다 보니
내가 내 프로그램에 관해 전혀 엉뚱한 얘기를 하고 있었다는 걸 알게 됐다.
스토리브랜드는 내가 이용해본 마케팅 프로그램 중에서 가장 실용적이고,
적용하기 쉽고, 실천 가능하면서, 논리적이고, 간단하고 유용한 프로그램이었다.
스토리브랜드가 사업을 하나부터 열까지 다 바꿔놓을 것이다.

제니 시, 비즈니스 코치

스토리브랜드에 다녀온 이후 소통 전략을 크게 바꿨다.
이후 두 달 사이 우리는 존폐의 기로에 서 있던 단체에서
날로 번창하는 단체가 됐다.
우리가 거둔 이 어마어마한 성장은 스토리브랜드에 힘입은 바가 크다.
세상을 변화시키도록 도와준 것에 감사한다.

대니얼 마이어트, 마부노 CEO

처음부터 스토리브랜드 공식을 신뢰해준

팀 슈러와 카일 리드에게 바칩니다.

우리 회사를 만들며 가장 감사한 것은 우리가 친구가 되었다는 점입니다.

아울러 좋은 일을 위해 다 함께 희생할 때

친구가 곧 가족이 될 수도 있음을 몸소 보여준

베스티 밀러,

에이버리 초르바,

쿨라 캘러핸,

JJ 피터슨,

채드 스네블리,

수잰 노먼에게도 이 책을 바칩니다.

서문

이 책은 회사의 스토리를 이야기하는 방법에 관한 책이 아니다. 그런 책은 시간 낭비다. 일반적으로 고객들은 기업의 스토리가 아닌, 자신들의 스토리에 관심이 있다. 스토리의 주인공은 브랜드가 아니라 고객이어야 한다. 어마어마한 성공을 거둔 기업들의 비결은 바로 이 점을 이해한 것이다.

이제 우리는 7단계로 구성된 공식을 이야기할 것이다. 이 공식이 회사를 소개하는 방법을 바꾸고, 어쩌면 '사업하는' 방식까지 바꿔줄 것이다. 매년 우리 회사는 3,000개 이상의 회사와 협업하고 있다. 돈만 쏟아붓는 방식의 마케팅은 그만두고 분명한 메시지를 전하도록 돕고 있다. 여러분이 어떤 분야에서 일하든 이 공식은 분명히 효과를 볼 것이다.

이 책을 정말로 잘 활용하고 싶다면 아래의 세 가지를 실천하면
된다.

1. 이 책을 통해 스토리브랜드 7단계 공식이 뭔지 이해한다.
2. 이 공식을 필터로 삼아 전하고 싶은 메시지를 걸러낸다.
3. 더 많은 고객이 귀담아듣도록 분명한 메시지를 전한다.

마케팅도 그동안 많이 바뀌었다. 영웅담 속으로 고객을 초대할 줄
아는 기업은 성장하고, 그렇지 못한 기업은 잊힌다. 회사의 스토리가
아니라 고객의 스토리를 우선하라. 그래야 다 같이 풍족한 보상을 누
릴 수 있다.

1부
왜 당신의 마케팅은
폭망했나?

그들은 당신의
이야기에 관심 없다

대부분의 기업은 마케팅에 어마어마한 돈을 낭비한다. 피 같은 돈을 새로운 마케팅 전략에 쏟아부었는데 아무 성과가 없을 때의 그 멍한 기분은 다들 알 것이다. 보고서를 받으면 뭐가 잘못됐나, 뭐가 나빠졌나, 우리 제품이 생각했던 것만큼 훌륭하지 못한 건가, 별의별 생각이 다 든다.

그런데 문제가 정말로 제품에 있을까? 제품을 이야기하는 '방식'이 문제는 아닐까?

의외로 문제는 간단한 데 있다. 당신이 웹사이트나 브로슈어를 만들어달라고 고용했던 그래픽 아티스트와 디자이너들은 디자인 분야 학위도 갖고 있고 포토샵이라면 모르는 게 없다. 하지만 그들 중에 단 한

권이라도 좋으니 '판촉용 카피를 잘 쓰는 법'에 관한 책을 읽어본 사람이 있을까? 고객의 귀에 들리도록 뚜렷한 메시지를 전달하는 법을 아는 사람이 있을까? 그런데도 그들은 결과야 어떻든 당당히 당신의 돈을 받아간다.

웹사이트가 예쁘다고 물건이 팔리지는 않는다. 이것은 불변의 진리다. 물건을 팔아주는 것은 '말'이다. 우리가 분명한 메시지를 전하지 않는 한, 고객은 귀담아듣지 않는다.

분명한 메시지를 만들지 못한 채로 디자인 회사에 많은 돈을 줘봤자, 고객의 귀에 들리는 것은 소음뿐이다.

물론 분명한 메시지를 전하는 일이 결코 쉽지는 않다. 내가 만난 고객 중에는 그 어려움을 이렇게까지 표현한 사람도 있었다. '병 안에 들어가서 라벨을 읽으려고 애쓰는 것' 같다고 말이다. 충분히 이해한다. 스토리브랜드StoryBrand를 설립하기 전에 나는 작가였다. 텅 빈 모니터를 노려보며 '무슨 말을 해야 하나' 고민한 시간이 족히 수천 시간은 될 것이다. 그렇게 머리를 쥐어짜며 좌절한 시간들 덕분에 나는 증명된 스토리의 힘을 활용한 '커뮤니케이션 공식'을 만들어내게 됐다. 정말이지 그때는 내가 마법의 묘약이라도 발견한 것처럼 기뻤다. 글 쓰는 과정은 한결 수월해졌고 내가 쓴 책은 수백만 권이 팔렸다. 이렇게 공식을 이용해서 책의 메시지를 분명하게 만든 뒤, 나는 우리 회사의 마케팅 자료에도 이 공식을 사용해봤다. 마케팅 메시지가 분명해지자 4년 연속 매출이 두 배로 늘었다. 지금은 그 공식을 매년 3,000개가 넘는 기업에 가르치고 있다.

메시지를 또렷하게 전달할 수 있게 된 우리 고객들은 웹사이트의 질이 높아졌고 극찬받는 기조연설을 하게 됐다. 이메일을 보내면 사람들이 열어서 읽어보고 세일즈 레터를 보내도 높은 반응이 돌아왔다. 이유가 뭘까? 메시지가 뚜렷하지 않으면 마케팅 자료에 아무리 많은 돈을 써도 아무도 귀담아듣지 않는다. 우리 회사가 '메시지'만 바로잡아주면 매출이 두 배, 세 배, 심지어 네 배까지 늘어났다.

스토리브랜드 공식은 수십억 달러짜리 브랜드에도, 부부가 경영하는 작은 가게에도 모두 효과가 있었다. 미국 회사에도, 일본이나 아프리카의 회사에도 똑같이 강력한 힘을 발휘했다. 이유가 뭘까? 세계 어느 지역을 막론하고 인간의 두뇌는 헷갈리는 것을 싫어하고 분명한 것을 좋아하기 때문이다. 사실 우리는 제품 출시만 놓고 경쟁하는 게 아니다. 고객의 삶에 해당 제품이 왜 필요한지 소통하는 과정 역시 하나의 경쟁이다. 아무리 최고의 제품을 시장에 내놓더라도, 더 열등한 제품을 가진 경쟁사가 더 또렷하게 소통을 잘한다면 그들에게 질 수도 있다.

여러분의 메시지는 무엇인가? 입에서 술술 나오는가? 간단하면서도 마음에 와닿고 반복 가능한가? 전체 직원이 우리 회사의 메시지를 호소력 있는 방식으로 전달할 수 있는가? 우리 회사가 무엇을 제공하고 고객은 왜 그 물건을 사야만 하는지에 대한 정확한 설명 포인트가 신입사원에게까지 전달되어 있는가? 웹사이트를 방문한 고객이 우리가 뭘 제공하는지 5초 만에 파악하지 못해서 우리가 놓치고 있는 매출은 과연 얼마나 될까?

수많은 기업이 망하는 이유

수많은 마케팅 전략과 브랜드 전략이 실패하는 이유를 찾아내기 위해 나는 친구인 마이크 맥하그에게 연락했다. 마이크가 15년간 했던 일은 기술 분야 기업들을 위해서 과학적인 방법을 통해 고객들의 생각을 알아내는 일이었다. 그는 좋은 사람이고, 여전히 마케팅과 스토리, 행동 사이의 관계에 대해 대단한 통찰력을 가지고 있다.

내슈빌로 날아온 마이크는 우리 회사가 주최하는 워크숍에 참석했다. 그리고 이틀간 스토리브랜드 7단계 공식을 공부한 후 나와 함께 자리를 잡고 앉았다. 나는 마이크에게 질문 공세를 퍼부었다. 이 공식이 왜 효과가 있는 것인가? 이 공식으로 걸러진 메시지를 접하는 소비자의 뇌에는 무슨 일이 일어나는가? 직관적으로 이 공식을 사용하고 있는 애플이나 코카콜라 같은 브랜드가 시장을 지배할 수 있는 과학적 원리는 무엇인가?

마이크는 이렇게 말했다.

"대부분의 마케팅 자료가 효과가 없는 데는 이유가 있지. 바로 너무 복잡하단 거야. 뇌는 그렇게 복잡한 정보를 처리할 줄 몰라. 간단하고 예측 가능한 방식으로 소통할수록 뇌가 소화하기도 더 쉬워지지. 인간의 이해를 도와주는 메커니즘이 스토리이기 때문에 이 7단계 공식이 도움을 주는 거야. 스토리를 구성하는 공식들은 모든 것에 질서를 부여해주기 때문에 힘들여서 머리를 쓰지 않아도 무슨 일인지 알게 해주는 거지."

마이크는 뇌가 잘하는 일은 수없이 많지만, 주된 기능은 개인의 생존과 번창을 돕는 일이라고 설명했다. 뇌가 하는 모든 일은 뇌의 주인인 사람, 또는 그 사람이 아끼는 다른 사람들이 잘살 수 있게 도와주는 것과 연관된다.

마이크는 '에이브러햄 매슬로의 욕구 단계설'을 끄집어냈다. 먼저 뇌는 우리가 육체적으로 먹고 마시고 생존할 수 있는 시스템을 구축하라는 과업을 부여받았다. 현대 선진국 경제에서 이 말은 곧 직업과 확실한 수입이 있어야 한다는 뜻이다. 그러고 나면 뇌는 안전을 걱정한다. 묵을 수 있는 집이 있고, 건강하고, 강한 자들의 타깃이 되지 않을 수 있는 힘이 있어야 한다. 음식과 집이 해결되면 뇌는 인간관계를 생각하기 시작한다. 연애와 결혼, 출산 그리고 어떤 사회적 위협이 나타났을 때도 내 편을 들어줄 우정을 형성하려고 한다. 그리고 마지막으로 뇌가 관심을 갖는 것이 우리에게 의미를 부여해주는 더 큰 심리적, 생리적, 나아가 영적인 욕구다.

마이크는 인간이 저도 모르게 끊임없이 주변 환경(심지어 광고까지도)을 스캔하며 정보를 탐색한다고 알려주었다. 인간의 원시적 생존 욕구를 충족시키는 데 도움이 될 수도 있기 때문이다. 이 말은 곧 우리 회사의 공장이 미국 서부 해안에서 제일 크다고 떠들어봤자 고객은 시큰둥하다는 얘기다. 왜냐? 그 정보는 고객이 먹고 마시거나 짝을 찾아 사랑에 빠지거나 무리를 형성하고 더 깊은 의미를 경험하고 산 넘어 야만족들이 쳐들어올 경우를 대비해 무기를 쌓아두는 데 아무런 도움이 되지 않기 때문이다. 그렇다면 이런 소음이나 다름없는 얘기를 잔

뜩 투척했을 때 고객은 어떤 반응을 보일까? 정답, 무시한다.

그날 마이크는 많은 브랜드들이 제품이나 서비스에 관해 이야기할 때 두 가지 큰 실수를 저지른다고 했다. 그 두 가지란 아래와 같다.

실수 1

여러 브랜드가 저지르는 첫 번째 실수는 그들이 제공하는 제품이나 서비스가 고객의 생존과 번창에 어떻게 도움이 되는지에 초점을 맞춰 이야기를 전개하지 못한다는 점이다.

훌륭한 이야기는 모두 '생존'에 관한 것이다. 그게 어떤 종류의 생존이든 말이다. 스토리가 그 외의 다른 것을 이야기한다면 듣는 이의 마음을 사로잡지 못할 것이다. 그런 내용에는 아무도 관심이 없다. 그렇다면 앞으로 제품이나 서비스의 포지셔닝을 이런 식으로 해보면 어떨까? 사람들이 생존하고, 사랑을 찾고, 열망하는 정체성을 완성하고, 나를 물리적 · 사회적으로 지켜줄 집단을 형성하는 데 도움이 되는 '어떤 것'이라고 말이다. 그렇게 한다면 모든 이들에게 어떤 것이든 팔 수 있을 것이다. 사람들이 관심을 갖는 것은 오직 이런 것들뿐이다. 이 말은 절대적으로 믿어도 좋다.

마이크는 우리의 뇌가 끊임없이 정보를 걸러내기 때문에 하루에도 수백만 개씩 불필요한 팩트를 내다 버린다고 했다. 널찍한 무도회장에서 한 시간 동안 있게 된다면, 뇌는 그곳에 있는 의자의 개수를 세는 대신 출구가 어디인지를 알아둔다. 이유가 뭘까? 화재가 났을 때 출구가 어딘지 알아놓으면 분명 생존에 도움이 될 것이기 때문이다. 무의식은 언제나 정보를 분류하며 정리하고 있다. 우리가 대외적으로 회사의 창립 설화나 내부 목표 같은 것을 떠들어대는 것은 스스로를 '출구'가 아니라 '의자'로 포지셔닝하는 행위다.

"그런데 문제가 하나 있어." 마이크가 말을 이었다. "정보를 처리하려면 뇌가 칼로리를 소비해야 하거든. 그런데 칼로리를 지나치게 많이 소비하는 건 뇌의 주된 임무, 즉 생존과 번창을 돕는 일에 반하게 돼."

실수 2

여러 브랜드가 저지르는 두 번째 실수는 고객이 그들의 제안을 이해하는 데에 너무 많은 칼로리를 소모하게 만든다는 점이다.

어떤 정보에 너무 많은 처리 과정이 필요해 보이면 사람들은 그 쓸모없는 정보의 출처를 무시해버린다. 칼로리를 절약하기 위해서다. 다시 말해 고객들의 뇌에는 헷갈리기 시작하면 아예 무시하도록 디자인된 생존 메커니즘이 있다.

이렇게 한번 상상해보라. 우리가 제품에 관한 얘기를 시작할 때마다 잠재 고객은 러닝머신 위를 달려야 한다고 말이다. 우리가 떠드는 내내 고객이 달려야 한다면 과연 몇 분 동안 우리한테 집중해줄까? 결코 길지 않을 것이다. 그런데도 우리는 늘 그런 실수를 저지른다. 브리핑이나 기조연설을 들을 때 혹은 웹사이트를 방문할 때 고객은 우리가 나눠주는 정보를 처리하기 위해 칼로리를 소모해야 한다. 따라서 생존이나 번창에 써먹을 수 있는 얘기를 빨리 꺼내지 않는다면 상대는 우리 말을 그냥 무시해버릴 것이다.

바로 이 두 가지 사실 때문에 스토리브랜드 7단계 공식은 수많은 기업의 매출을 증대시켜줄 수 있었다. 사람들은 자신의 생존과 번창에 도움이 되는 브랜드를 찾고 있으며, 이에 따른 의사소통은 간명해야 한다. 그렇다면 우리는 고객의 생존에 도움이 된다는 내용으로 메시지를 구성해야 하고, 고객이 칼로리를 많이 소비하지 않더라도 이해할 수 있는 방식으로 메시지를 구성해야 한다.

스토리가 너희를 구하리니

사람들이 칼로리를 많이 소모하지 않아도 되게끔 정보를 구성하는 가장 강력한 툴이 바로 스토리다. 마이크의 말처럼 스토리는 '고개를 끄덕이게 하는 장치'다. 스토리는 어떤 포부를 가져야 하는지 알려주고, 그 포부를 달성하기 위해 싸워야 할 난관을 정의하고, 그 난관들을 정복할 계획을 제공한다. 브랜드와 관련한 스토리를 구성할 때는 고객이 따라갈 수 있는 지도를 그려서 제품이나 서비스에 관심을 갖게 만들어야 한다.

그런데도 기업 리더들은 '스토리'라는 말만 꺼내면 나를 무슨 예술가 보듯 한다. 하지만 나는 공허한 소리를 하려는 게 아니다. 내가 할 얘기는 좀처럼 관심을 끌어오기 힘든 고객들에게 주목받을 수 있는 방법, 그 확실한 공식이다. 고객들이 우리를 봐주고, 들어주고, 왜 이 제품에 관심을 '가져야만' 하는지 정확히 이해할 수 있게 만드는 방법이다. 그 방법은 구체적 단계 몇 가지로 이루어져 있다.

소통하는 데도 공식이 있다

공식이란 쉽게 말해 우수 사례를 모아놓은 것이다. 공식은 분명히 효과가 있다. 켄 블랜차드의 '상황 대응 리더십'이나 제조업에서 사용하는 '6시그마'나 '린 제조방식'은 훌륭한 경영 공식이다. 그렇다면 소통의 공식은 없을까? 우리 회사가 무엇을 제공하는지 효과적으로 설명할 수 있는 공식은 없을까?

그게 바로 '스토리브랜드 공식'이다. 수천 년간 사람들은 이 공식을 가지고 스토리를 이야기해왔다. 사람들을 주목하게 만드는 데 이보다 더 훌륭한 우수 사례가 어디 있으며, 또 이보다 더 강력한 지원군이 어디 있겠는가? 이 공식을 한 번 익히고 나면 대부분의 스토리가 어떻게 흘러갈지 예측할 수 있다.

스토리를 구성하는 공식들은 인간의 뇌가 길들어 있는 익숙한 경로가 어디인지 드러낸다. 사업에 성공하려면 그 경로를 따라 제품을 포지셔닝해야 한다.

이쯤에서 한 가지 경고를 할 수밖에 없다. 앞으로 여러분은 영화 보는 재미를 잃게 될 것이다. 영화야말로 공식을 곧이곧대로 따르기 때문이다. 영화는 예측이 가능하다. 거기에는 이유가 있다. 스토리텔러들은 관객의 관심을 몇 시간씩 붙잡아두는 방법을 진즉에 알아냈다. 그리고 관객을 즐겁게 해주는 바로 그 공식이 여러분의 브랜드도 성장시켜줄 수 있다.

핵심은 '분명함'이다

회사가 내놓는 내러티브(기승전결의 흐름이 있는 이야기의 연결-옮긴이)는 사내에서건 외부에서건 분명해야 한다. 관객은 언제나 스토리 속에서 누가 주인공이며 그 주인공은 무얼 원하는지, 그 원하는 것을 얻으려면 누구를 무찔러야 하는지, 또 주인공이 이기면 어떤 멋진 일이 일어나며 이기지 못하면 어떤 끔찍한 일이 벌어지는지 알고 있어야 한다. 만약 이런 기본적 질문에도 답할 수 없다면 관객은 극장을 나가버리고 영화는 수백만 달러의 손해를 볼 것이다. 시나리오 작가가 이 규칙들을 어겼다면 아마 다시는 그쪽 업계에서 일하지 못할 것이다.

브랜드도 마찬가지다. 고객에게는 궁금한 것들이 있다. 그 질문에 답하지 않으면 고객은 즉각 다른 브랜드로 옮겨갈 것이다. 고객이 무얼 원하는지, 고객의 어떤 문제를 해결하게 도와줘야 하는지, 당신의 제품이나 서비스를 사용하고 나면 고객의 삶이 어떻게 달라질지 아직도 파악하지 못했다면 시장에서 살아남을 생각은 꿈도 꾸지 말아야 한다. 스토리를 쓰든, 제품을 팔든 메시지는 분명해야 한다. 예외는 없다.

우리 회사가 주문처럼 외는 말이 있다. "헷갈리면 이미 진 것이다."

기업의 적

기업에는 맹렬하면서도 간악한 적이 있다. 찾아내서 섬멸하지 않으면 그 적은 회사를 형체도 알아볼 수 없게 찌그러뜨린다. 이 적이란 바로 '소음'이다.

사업장 내에서 발생하는 소음이 아닌, 기업으로서 우리가 만들어낸 소음은 그동안 세금이나 경기 침체, 소송, 이자율 상승, 형편없는 디자인보다 더 많은 아이디어와 제품과 서비스를 죽인 원흉이다. 웹사이트, 이메일, 광고 등에서 우리가 '마케팅'이라고 부르는 것들이 실제로는 뒤죽박죽 혼란만 부추길 때가 있다. 그리고 우리는 그런 걸 늘어놓느라 수백만 달러를 쓴다.

몇 년 전에 우리 회사가 주최하는 워크숍에 참석한 어느 남자가 이렇게 말했다.

"그 방법이 저한테는 효과가 있을 것 같지 않네요. 우리 회사는 하는 일이 너무 다양해서 메시지를 단순화할 수가 없거든요."

나는 좀 더 자세히 설명해달라고 했다.

"저는 산업용 도장 회사를 운영해요. 매출 흐름은 세 가지 경로로 나오죠. 자동차 파우더 코팅 사업부가 있고요, 콘크리트 실란트 사업부가 있고요, 또 하나는 병원에서만 사용하는 살균 페인팅 사업부가 있어요."

다양한 일을 하는 것은 사실이었지만 메시지를 단순화할 수 없을 만큼 복잡한 회사는 아니었다. 나는 그에게 워크숍 참석자 모두가 볼 수 있게 회사 웹사이트를 대형 스크린에 띄워도 될지 물어보았다.

그 회사의 웹사이트는 정성들여 만들기는 했지만, 외부인인 고객의 시각에서 보면 어리둥절하게 만들어져 있었다. 남자는 화가를 고용해 회사 건물을 그림으로 그렸다. 언뜻 보면 이탈리안 레스토랑의 웹사이트 같았다. 이 웹사이트를 방문했을 때 처음 드는 의문은 '테이블마다 빵은 제공하나?'였다. 링크가 수도 없이 많았는데 거기에는 연락처 정보부터 시작해서 FAQ, 회사 연혁에 이르기까지 온갖 것들이 망라되어 있었다. 심지어 회사가 지원하는 비영리단체까지 링크가 걸려 있었다. 마치 고객이 물어본 적 없는 수백 가지 질문에 답하고 있는 사이트처럼 보였다.

나는 워크숍 참석자들에게 물었다. 이 웹사이트에서 다른 건 모두 지워버리고, 한 남자가 새하얀 실험복을 입고 무언가를 칠하고 있는 사진 옆에 "우리는 못 칠하는 게 없습니다We Paint All Kinds of S#%"라고 써놓고, 한가운데에 '견적 받아보기' 버튼을 만들어둔다면 회사가 더 성장할 수 있지 않을까? 내 말이 맞다고 생각하면 손을 들어달라고 했다. 참석자 전원이 그렇다고 손을 들었다.

그렇게 한다면 이 회사는 당연히 성장할 것이다. 왜일까? 고객에게 이 남자의 인생과 사업에 관해 생각하느라 칼로리를 소모하라고 강요하던 것을 멈추고 문제를 해결해줄 단 한 가지를 제안했기 때문이다. 바로 '도장 업체' 말이다.

우리가 고객에게 말하고 있다고 생각하는 내용과 고객이 실제로 듣는 내용은 전혀 다를 수 있다. 고객의 구매 결정은 우리가 말하는 내용이 아니라 그가 듣는 내용을 바탕으로 이뤄진다.

말 좀 그만해!

노련한 작가라면 훌륭한 글의 핵심 열쇠는 '말하는 것'에 있지 않고 '말하지 않는 것'에 있음을 안다. 더 많이 잘라낼수록 더 훌륭한 시나리오, 더 훌륭한 책이 된다. 고객과 마음이 통하고 싶다면 더 이상 고객들에게 소음을 퍼붓지 말아야 한다.

스토리브랜드 7단계 공식을 사용해 분명한 메시지를 만들어내면 소통이 쉬워진다. 더 이상 빈 페이지 앞에서 웹사이트나 브리핑, 이메일, 페이스북 광고, 심지어 TV나 라디오 광고에 무슨 말을 해야 하나 고민할 필요가 없다.

분명한 메시지를 전하라

작은 회사를 경영하든 수십억 달러짜리 브랜드를 경영하든, 고객을 헷갈리게 만드는 것에도 돈이 든다. 우리 회사가 하는 일이 고객의 생존과 번창에 어떻게 도움이 되는지 제대로 설명할 수 있는 직원이 몇 명이나 되는가? 분명하게 소통하지 못해서 경쟁사에 뺏긴 고객은 또 얼마나 될까? 고객들이 관심 없는 제품 사양이나 계속 주절거리고 있다면 우리 회사는 과연 얼마나 지속될 수 있을까? 이제 달라질 수 있다. 분명한 메시지를 전하려면 제대로 된 공식이 필요하다. 생각을 정리해주고, 마케팅 노력을 줄여주고, 혼란을 없애고, 경쟁자를 겁먹게 만들어서 다시 한 번 회사를 성장시켜줄 공식이 필요하다. 바로 그 공식을 지금부터 배워보자.

스토리에도
공식이 있다

회사를 성장시키려면 메시지를 소화시키기 쉽게 작은 조각들로 단순화시켜야 한다. 그 작은 조각들은 모두 7가지 카테고리에서 속한다. 이 7개의 메시지를 완벽하게 숙지하고 나면 브랜드에 관해 언제든 자신 있게 이야기할 수 있고, 고객들 역시 우리 제품이나 서비스에 더 많이 끌릴 것이다. 우리는 고객들의 스토리를 알아낸 뒤 그 한가운데에 우리 제품과 서비스를 가져다 놓을 것이다.

스토리는 원자력 에너지와 같다. 영속적인 에너지원이고 도시 하나를 가동할 만큼 큰 힘을 발휘한다. 인간의 관심을 몇 시간씩 붙잡아 놓을 수 있는 것은 스토리밖에 없다. 훌륭한 스토리에는 누구도 눈을 뗄 수 없다. 실제로 신경과학자들에 따르면 사람은 평균적으로 자기가 가진 시간의 30퍼센트 이상을 공상에 보낸다고 한다. 어떤 스토리를 직접 읽거나 듣거나 보고 있을 때만 '빼고' 말이다. 이유가 뭘까? 스토리가 공상을 대신해주기 때문이다.

스토리는 우리가 소음과 싸워 이길 수 있는 가장 훌륭한 무기다. 스토리는 사람들이 귀를 기울일 수밖에 없는 방식으로 정보를 조직화한다.

스토리는 소음을 음악으로 만든다

음악과 소음은 유사하다. 둘 다 음파가 이동해 고막을 때리면서 만들어진다. 하지만 음악은 일정한 규칙을 따르는데, 그 규칙들 때문에 뇌의 반응이 완전히 달라진다. 덤프트럭이 후진하는 소리나 새가 지저귀는 소리, 아이의 웃음소리는 다음날까지 기억할 수는 없다. 하지만 비틀스의 노래를 들었다면 일주일간 흥얼거리고 다닐 수도 있다. 잘 짜인 음악과 고양이가 쥐를 쫓느라 공장 바닥을 뛰어다니는 소리는 완전히 다르다. 그런데 대부분의 웹사이트나 기조연설, 브리핑은 후자와 더 비슷하다. 뇌는 음악은 기억하지만 소음은 잊어버린다. 마찬가지로 뇌는 일부 브랜드는 기억하지만 다른 브랜드는 기억하지 못한다.

스토리는 음악과 비슷하다. 좋은 스토리는 일련의 우발적 사건으로부터 정말로 중요한 내용을 뽑아낸다. 극장에 걸리기 전까지 영화는 수많은 편집과 생략, 수정, 삭제를 거친다. 때로는 캐릭터 하나가 통째로 편집실 바닥에 나뒹굴기도 한다. 스토리텔러는 잡음을 걷어낼 수 있는 필터를 갖고 있다. 어느 캐릭터나 장면이 전체 플롯에 도움이 되지 않는다면 삭제하는 수밖에 없다.

우리의 회사를 찾는 고객들이 수많은 요소를 추가해서 마케팅 메시지를 혼란스럽게 만들려고 하면 나는 이렇게 말한다. 시나리오를 쓰는데 그런 식으로 이래저래 곁가지를 치면 영화가 어떻게 될지 한번 상상해보라고 말이다. 예컨대 영화 〈본 아이덴티티〉가 제이슨 본이라는 이름을 가진 스파이가 자신의 진짜 정체성을 찾는 동시에 체중 감량을 하고, 여자를 만나 결혼을 하고, 변호사 시험을 통과하고, 퀴즈쇼에서 1등을 하고, 고양이를 입양하는 이야기라면 대체 어떻게 될까? 관객은 흥미를 잃고 말 것이다. 스토리텔러가 관객에게 너무 많은 정보를 쏟아부으면, 관객은 그 데이터를 정리하느라 어쩔 수 없이 많은 칼로리를 소모해야 한다. 그 결과 관객들은 딴생각을 하거나, 극장을 나가버린다. 디지털 마케팅의 경우라면 주문을 하지 않고 다른 사이트를 클릭할 것이다.

그런데도 왜 수많은 브랜드가 음악이 아닌 소음을 만들어내는 걸까? 왜냐하면 자신들이 소음을 만들어내고 있다는 사실을 모르기 때문이다. 실제로 브랜드들은 자신들이 마구잡이로 나눠주는 정보에 사람들이 관심을 가질 거라고 생각한다.

그래서 필요한 것이 필터다. 브랜드 전략의 핵심은 반복해서 말할 수 있는, 간단하면서도 마음에 와닿는 메시지를 만드는 것이다. 그래야 브랜드가 대중의 인식에 각인된다.

스티브 잡스와 애플의 메시지

애플이 한층 크게 성장하게 된 것도 스티브 잡스가 스토리라는 렌즈를 통해 메시지를 필터링하기 시작하면서부터였다. 그에게 사고의 대전환이 일어난 것은 픽사라는 천재적인 스토리텔링 공장과 협업(및 일부 창작)을 한 뒤였다. 전문적인 스토리텔러들 속에서 일하다가 애플로 돌아온 잡스는 스토리가 전부라는 사실을 깨달았다.

픽사 이후 잡스의 삶과 커리어가 얼마나 많이 바뀌었는지 한번 보자. 1983년 애플은 리사 컴퓨터를 출시했는데, 이게 잡스가 쫓겨나기 전 마지막으로 작업한 프로젝트였다. 잡스는 〈뉴욕 타임스〉에 9페이지에 걸친 광고를 냈는데, 거기에 리사의 기술적 사양을 하나하나 죄다 열거해놓았다. 미국항공우주국NASA에 속한 사람이 아니고서야 아무도 관심 갖지 않을 전문적 이야기였다. 리사 컴퓨터는 처참하게 실패했다.

그러던 잡스가 한동안 픽사를 운영한 뒤 애플로 돌아가자 그의 소통방식은 완전히 달라졌다. 소비자 중심이었고 짙은 호소력을 지녔으며 메시지가 분명했다. 잡스가 내놓은 첫 광고는 이전 〈뉴욕 타임스〉의 9페이지짜리 광고와는 너무나 달랐다. 미국 전역의 광고판마다 단두 단어만 적혀 있었다. '남다른 생각을 하라Think Different.'

소통 방식을 간단하면서도 마음에 와닿게 바꾼 뒤 애플은 광고에 더이상 컴퓨터를 등장시키지 않았다. 애플은 모든 고객이 숨 쉬며 살아 있는 주인공이라는 사실을 이해했고 고객의 스토리를 활용했다. 그러기 위해서 애플은 첫째, 고객이 원하는 게 뭔지 알아냈고(자신을 드러내고 목소리를 내고 싶어 한다), 둘째, 고객이 겪고 있는 난관을 정의했으며(자신의 숨겨진 천재성을 인식하지 못한다), 셋째, 고객이 자신을 표현할 수 있는 도구를 제공했다(컴퓨터와 스마트폰). 이 하나하나의 각성은 대대로 스토리텔링을 떠받치는 기둥이었으며 오늘날까지 고객의 마음을 얻는 데 반드시 필요한 사항이다.

이 세 가지 기둥에 관해서는 앞으로 차근차근 설명할 것이다. 다만 지금은 애플이 고객의 스토리 내에서 자신들의 역할이 무엇인지 분명하게 파악하려 노력한 시간들이 결국 애플이 성장하게 된 핵심 요인이라는 사실만 알면 된다.

애플의 스토리는 애플에 관한 것이 아니다. 그 스토리는 여러분에 관한 것이며, 스토리 속 주인공도 여러분이다. 애플의 역할은 오히려 제임스 본드 영화에서 Q의 역할과 비슷하다. 싸움에서 이기기 위해 필요한 도구가 있을 때 주인공이 찾아가는 인물 말이다.

애플이 최고의 컴퓨터나 최고의 전화기를 만드는 것은 아니다. 물론 '최고'라는 게 주관적 판단이긴 하지만, 애플이 최고의 기술을 보유하고 있다고 단언하기는 어렵다. 하지만 그건 중요하지 않다. 사람들은 최고의 제품을 사는 게 아니다. 사람들이 구매하는 건 '최고로 빨리 이해할 수 있는' 제품이다. 애플은 그 어느 기업과도 다른 방식으로 고객들의 스토리 속에 자신을 끼워 넣었다. 그 결과 애플은 세계 최대의 기술 기업이자 모든 업종을 고려해도 세계 10위 안에 드는 초대형 기업이 됐다.[1] 회사를 키우고 싶다면 우리도 애플의 각본에서 한 장 빌려와,

메시지를 분명하게 만들어야 한다.

스토리가 회사를 키운다

잡스는 대체 픽사에서 뭘 배웠던 걸까? 그 답을 알기 위해 잠시 기업이라는 입장에서 벗어나 스토리를 처음 배우는 학생이 되어보자. 스토리가 브랜드 메시지와 어떻게 결합되는지를 이해하고 나면 더 많은 고객의 관심을 끌 수 있고 회사를 성장시킬 수 있는 소통 수단과 브랜드 전략을 만들 수 있을 것이다.

나는 그동안 상상 가능한 모든 장르에 걸쳐 수백 편의 영화와 소설, 연극, 뮤지컬을 꼼꼼히 연구했다. 이런 과정을 거친 후 나는 흡입력 있는 이야기의 필수 요소를 7가지의 기본적 플롯 포인트로 추릴 수 있었다. 물론 시나리오 한 편을 완성하려면 더 많은 요소가 필요하겠지만, 고객의 스토리 속으로 들어가 그것을 이해하는 데는 7가지 요소면 충분하다.

잘 짜인 스토리의 공통점

거의 모든 스토리를 아주 압축적으로 요약하면 이렇다. 무언가를 원하는 어느 '캐릭터'가 '난관'에 직면하지만 결국은 그것을 얻게 된다. 절망이 절정에 달했을 때 '가이드'가 등장해 '계획'을 내려주고 '행동을 촉구'한다. 그 행동 덕분에 '실패'를 피하고 '성공'으로 끝맺게 된다.

이게 전부다. 정말이다. 영화에도 거의 모든 경우에 이 구조가 어떤 식으로든 들어 있다. 기본적인 이 7가지 플롯 포인트는 음악으로 치면 코드와 같아서, 만들어낼 수 있는 내러티브의 종류는 무한정이다. 기타를 연주할 때처럼 7개의 코드만으로도 얼마든지 많은 노래를 만들 수 있다. 그러나 너무 심한 변형으로 이 코드에서 지나치게 멀어지면 노래는 소음이 되어버릴 수도 있다.

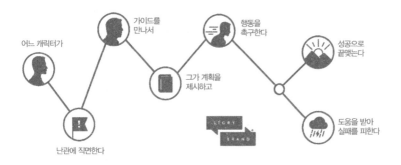

이 간단한 공식이 어떻게 적용되는지 우리에게 익숙한 스토리 2개를 통해 살펴보자. 스토리 속에서 이 공식을 알아볼 수 있으면 여러분의 브랜드 스토리가 정확히 어느 지점에서 공식을 벗어났는지 이해가 갈 것이다.

영화 〈헝거게임〉 시리즈의 1편에서 캣니스 에버딘은 판엠 사람들에게 강요된 게임, 죽어야만 끝이 나는 지독한 토너먼트를 치러야 한다. '캐피톨'이라고 하는 사악한 독재 정부 때문이다. 캣니스가 직면한 난관은 명확하다. '죽거나 죽임을 당하거나.' 그녀의 운명은 둘 중 하나밖에 없다. 캣니스에겐 너무나 버거운 일이며, 준비도 되어 있지 않고, 수적으로도 열세다.

그때 헤이미치가 나타난다. 이전 헝거게임 토너먼트의 우승자인 헤이미치는 캣니스의 멘토를 자청하며 모두를 이길 수 있는 계획을 세우게 도와준다. 그 덕분에 캣니스에게는 스폰서들이 더 생기고 전력에 보탬이 될 수 있는 자원을 더 많이 확보하며 우승의 확률을 높여나간다. 〈헝거게임〉 1편의 스토리를 스토리브랜드 도식 위에 펼쳐보면 다음과 같다.

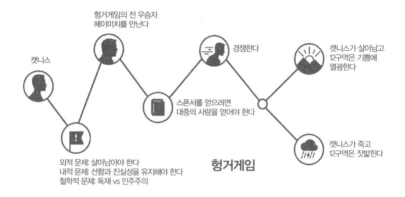

영화 〈스타워즈 에피소드 4-새로운 희망〉에서 주인공 루크 스카이워커는 처참한 비극을 겪는다. 사악한 제국의 손에 삼촌과 숙모가 살해된 것이다. 이를 계기로 일련의 사건이 시작된다. 루크는 제다이 기사단이 되기 위한 여정을 시작하고, 제국의 전투 기지인 '데스 스타'를 파괴한다. 그 덕분에 반란군은 살아남고 투쟁을 지속하게 된다. 이때 전직 제다이이자 한때 루크의 아버지를 훈련시켰던 오비완 케노비가 가이드로 등장한다.

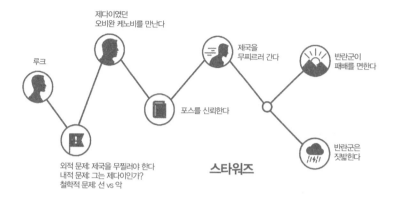

루크

제다이였던
오비완 케노비를 만난다

제국을
무찌르러 간다

반란군이
패배를 면한다

포스를 신뢰한다

외적 문제: 제국을 무찔러야 한다
내적 문제: 그는 제다이인가?
철학적 문제: 선 vs 악

스타워즈

반란군은
짓밟힌다

대부분의 스토리가 이 전개를 따른다. 때로는 작가가 가이드를 여러 명 등장시키거나(보통 전체 스토리에 오히려 위험 요인이 된다), 가이드를 아예 생략하기도 하지만 보통은 이 공식을 유지한다.

대부분의 영화가 이 7가지 요소를 포함한다는 사실은 시사하는 바가 크다. 수천 년의 세월 동안 전 세계 스토리텔러들이 최선의 결과를 내기 위해 도출한 공식이 이것이다. 간단히 말해 이 공식은 내러티브라는 소통 방식의 최고 정점이다. 이 7가지 요소에서 벗어나면 벗어날수록 관객은 영화에 몰입하기가 힘들어진다. 공식에서 자주 벗어나는 인디 영화들이 평단의 찬사를 받아도 흥행에서 참패하는 이유가 그 때문이다. 비평가들이야 색다른 것에 목말라 있겠지만, 영화를 전문적으로 공부하지 않은 대중은 접근하기 좋은 스토리를 원한다.

일부 브랜드는 일부 시나리오 작가와 마찬가지로 이런 공식을 깨면서도 성공을 거두는 것처럼 보인다. 하지만 자세히 들여다보면 그런 경우는 많지 않다. 정말로 창의적이고 기발한 마케팅 전문가와 시나리오 작가는 공식을 활용하면서도 진부함을 피하는 방법을 알고 있다. 바로 그 점 때문에 그들이 빛나는 것이다. 스토리브랜드 7단계 공식에 능숙해지면, 이런 툴을 사용하는지 아무도 눈치채지 못할 것이다.

3가지 핵심 질문

어떻게 해야 회사가 분명한 스토리를 말할 수 있을까? 기억하라. 회사가 직면한 가장 큰 적은 훌륭한 스토리의 가장 큰 적과 마찬가지로 '소음'이다. 어느 지점에서 영화를 멈추더라도 우리는 3가지 질문에 답할 수 있어야 한다.

1. 주인공이 원하는 게 뭔가?
2. 주인공이 원하는 것을 얻지 못하도록 반대하는 세력은 누구인가?
3. 원하는 것을 얻으면(혹은 얻지 못하면) 주인공의 삶은 어떻게 달라질 것인가?

영화를 보다가 딴생각에 빠진 적이 있다면 위 3가지 질문에 답할 수 없었기 때문이다. 아니면 이 3가지 질문이 중요하지 않았거나. 결론적으로 처음 15분에서 20분 사이에 위 3가지 질문에 답할 수 없다면 스토리는 이미 소음으로 전락한 것이고, 흥행은 참패한다.

우리 회사의 '공인 가이드'들이 마케팅 카피를 검토해보면 고객의 스토리와 전혀 무관한 것들이 수두룩하다. 우리는 고객들에게 작가가 영화 시나리오를 쓸 때 제작자가 하는 말을 그대로 들려준다. '플롯에 도움이 되지 않는 것은 죄다 빼라.' 듣기에 그럴싸한 문구나 웹사이트에서 눈길을 사로잡는 사진은 고객의 스토리 안으로 들어가는 데 도움이 되지는 않는다. 작성한 카피가 고객의 스토리에 이바지하지 않는다면 그 문장은 혼란을 초래하고 있는 것이다. 우리가 만드는 것은 음악이 아니면 소음, 둘 중 하나다. 소음을 만들어내는 회사는 아무도 기억하지 못한다.

웅얼웅얼 테스트

스토리에 몰입하려면 관객이 3가지 질문에 답할 수 있어야 하는 것과 마찬가지로, 고객이 우리 브랜드에 관심을 가지려면 역시 3가지 질문에 답할 수 있어야 한다. 고객은 웹사이트나 마케팅 자료를 보고 5초 내에 다음 질문에 답할 수 있어야 한다.

1. 이 회사가 제시하는 게 뭔가?
2. 그래서 내 삶이 어떻게 더 좋아질 것인가?
3. 저걸 구매하려면 어떻게 해야 하는가?

우리 회사는 이걸 '웅얼웅얼 테스트 통과'라고 부른다. 가장 중요한 질문은 이것이다. '원시인이 우리 웹사이트를 보더라도 우리가 제시하는 게 뭔지 즉각 웅얼거릴 수 있는가?'

한 남자를 떠올려보자. 무릎에 노트북 컴퓨터를 한 대 올려놓고 있다. 그가 보고 있는 웹사이트가 아스피린 제조업체라면 남자는 이렇게 웅얼거릴 수 있어야 한다. "두통약을 파는구만. 통증이 금세 사라지네. 약국에 가면 있다고?" 남자가 이렇게 웅얼거릴 수 없다면 당신의 브랜드는 충분히 올릴 수 있는 매출을 놓치고 있는 것이다.

선명한 메시지가 이긴다

우리 회사의 초창기 고객 중 오하이오 주의 소방관 카일 슐츠가 있었다. 그가 우리를 찾은 것은 소방관을 그만두고 사진 교육이라는 열정을 추구하고 싶어서였다. 그는 이제 막 온라인에 부모들을 위한 사진 교실을 출시한 후였다. 슐츠는 엄마들이 복잡하다고 생각해서 서랍 속에 처박아 두었던 카메라를 꺼내게 하려고 멋진 영상 교육 프로그램을 만들었다. 관심은 나쁘지 않았다. 첫 출시 만에 그는 2만 5,000달러어치의 온라인 교육 프로그램을 팔았다. 슐츠는 날아갈 것 같았다. 하지만 그 정도로는 직장을 그만두고 사진 교육에 완전히 전념할 수는 없었다.

'스토리브랜드 만들기' 팟캐스트를 구독하기 시작한 슐츠는 자신의 메시지가 혼란스러운 것은 아닌가 하는 의문이 들기 시작했다. 두 번째 제품을 출시하기 전날 밤 우리 회사의 온라인 강좌를 구매한 슐츠는 스토리브랜드 7단계 공식을 이용해 웹사이트를 수정했다. 그동안 판매 페이지에 있던 텍스트의 90퍼센트를 덜어내고, '피사계 심도'니 '에프 스톱f-stop'이니 하는 전문 용어 대신 "배경을 흐릿하게 처리한 근사한 사진을 찍어보세요" 같은 표현을 사용했다.

다음날 슐츠는 6개월 전에 연락했던 고객들에게 대량 이메일을 발송해 이 수업을 다시 한번 제안했다. 기대는 크지 않았다. 이미 같은 수업을 구입했던 사람들이기 때문이다. 하지만 놀랍게도 이 수업은 다시 10만 3,000달러어치가 팔렸다.

뭐가 달랐던 걸까? 슐츠는 부모들의 생존과 번창에 도움이 되는 측면을 강조했다. 더 튼튼한 자기 집단을 형성하고, 가족의 유대를 강화하고, 인생의 더 큰 의미에 더 깊이 다가서도록 도와주는 측면 말이다. 그는 판매 페이지에서 300단어도 안 되는 글을 가지고 아주 쉽게 이 내용을 표현했다. 때문에 사람들은 그가 제안하는 게 뭔지 알아내려고 칼로리를 소모할 필요가 없었다. 하루아침에 슐츠는 어수선한 정보 제공자가 아닌 분명한 가이드로 변신했다.

지금 슐츠는 직장을 그만두고 슐츠포토스쿨닷컴shultzphotoschool.com의 운영에만 전념하고 있다. 그는 매일 부모들로부터 자녀 사진을 찍는 즐거움을 느끼게 해줘서 고맙다는 감사 이메일을 받는다.

자기 필터링의 효과

영화감독 앨프리드 히치콕은 좋은 스토리란 "인생에서 지루한 부분을 덜어낸 것"이라고 했다.[2] 좋은 브랜드 전략도 마찬가지다. 여러분의 회사는 복잡한 곳이지만, 좋은 메시지 필터는 고객들이 지루해할 부분은 모조리 걷어내고 생존과 번창에 도움이 될 부분만 남긴다.

어떻게 해야 그런 메시지를 만들 수 있을까? 간단하다. 스토리텔러들이 사용하는 것과 똑같은 도식을 가지고 고객들의 스토리를 펼쳐 보이면 된다. 그런 다음 고객의 삶에서 중요한 7가지 카테고리와 관련된 선명하고 정제된 진술을 내놓으며 우리를 고객의 가이드로 포지셔닝하면 된다. 이렇게 하면 우리는 고객이 난관을 극복하고 원하는 삶을 살도록 도와주는 조력자가 된다. 강력한 메시지를 반복할 수 있고 고객들의 스토리 속에 우리를 '각인'시킬 수 있다.

스토리브랜드 7단계 공식은 간단하면서도 재미있고 효과적이다. 이 과정을 끝내고 나면 브랜드 메시지 전체가 종이 한 장에 그려질 것이다. 그 종이 한 장(앞으로 소개할 무료 디지털 애플리케이션)을 우리는 '스토리브랜드 브랜드 각본'이라고 부른다.

이 과정을 끝내고 나면 여러분이 만든 브랜드 각본을 가지고 그 어떤 종류이든 더 좋은 마케팅 자료를 만들 수 있을 것이다. 그렇게 되면 시장에서의 입지는 더욱 탄탄해질 것이다. 근사한 삶을 살 수 있도록 회사가 무엇을 어떻게 도와주는지 고객들이 이해한다면 회사는 성장할 수밖에 없다.

이 점을 염두에 두고 이제 스토리브랜드 공식을 살펴보기로 하자.

2부
무기가 되는 스토리

스토리브랜드
7단계 공식

앞으로 스토리브랜드 7단계 공식의 각 구성 요소 속으로 깊숙이 뛰어들어, 각 카테고리의 메시지가 어떻게 고객을 우리 브랜드 속으로 초대하는지 살펴볼 것이다. 하지만 먼저 요약된 형태의 전체 공식을 조망함으로써 스토리브랜드 공식이 어떻게 마케팅과 메시지를 단순화시키는지부터 이해하자.

스토리브랜드 공식

1. 캐릭터

 스토리브랜드 원칙 1: 주인공은 고객이지, 회사가 아니다.

스토리브랜드 7단계 공식에서 중요한 패러다임의 전환은 스토리의 주인공이 브랜드가 아니라 고객이라는 점이다. 고객을 주인공으로, 우리를 가이드로 설정한다면 고객은 우리 회사를 난관을 극복하도록 도와주는 믿음직한 지원군으로 인식할 것이다.

스토리 속에서 고객을 주인공으로 설정하는 것은 사업을 위해서 중요하다. 커뮤니케이션 전문가 낸시 두아르테Nancy Duarte는 효과적인 프레젠테이션을 위해 광범위한 연구를 진행했다. 그녀가 고객들에게 추천하는 전략은 간단하다. '연설을 할 때는 관객을 '루크 스카이워커'로 놓고, 자신을 '요다'라고 생각하라.'[1] 별것 아닌 것 같지만 이런 생각의 전환은 강력한 효과를 발휘한다. 관객의 여정을 존중하면서도 우리 또한 관객의 생존에 필요한 지혜나 제품, 서비스를 제공하는 리더로 설정되기 때문이다.

일단 고객이 누구인지 알고 나면, 다음은 브랜드와 관련해 고객이 원하는 게 뭔지 생각해봐야 한다. 어떤 스토리든 주인공이 무언가를 원하기 때문에 이야기가 촉발된다. 그 나머지 스토리는 주인공이 원하는 것을 얻는지 못 얻는지를 알아가는 여정에 불과하다고 해도 틀리지 않다.

고객이 원하는 게 뭔지 알아내지 못한다면 고객은 우리가 들려주는 스토리에 초대받은 느낌이 들지 않을 것이다. 스토리브랜드 공식의 첫 번째 단계에서는 우리 브랜드에 관심을 갖게 만드는 스토리 속으로 고객을 초대해야 하는 이유와 그 방법에 관해 알아볼 것이다.

2. 난관에 직면한다

 스토리브랜드 원칙 2: 기업은 외적 문제에 대한 솔루션을 팔려고 하나, 고객은 내적 문제에 대한 솔루션을 사간다.

가장 단순한 형태의 스토리는 캐릭터가 평화롭고 안정되게 살고 있는 모습으로 시작한다. 그러다가 갑자기 방해물이 나타난다. 폭탄이 터지거나 누군가 납치를 당하거나 재난이 닥치는 식이다. 그러면 주인공은 예전의 그 평화로운 삶으로 돌아가기 위한 여정을 시작한다.

고객이 우리에게 관심을 갖는 이유는 주인공이 스토리에 등장하는 이유와 같다. 고객은 뭔가 해결하고 싶은 문제가 있어서 우리를 찾아온다. 크든 작든 그 문제는 고객의 평화로운 생활을 어지럽히고 있다. 만약 우리가 파는 게 잔디 깎기 제품이라면 고객이 찾아오는 이유는 그의 잔디밭이 엉망이거나 잔디를 돌볼 시간이 없기 때문이다. 만약 우리가 파는 게 금융 자문이라면 고객이 우리를 찾는 이유는 은퇴 계획이 걱정되기 때문이다. 제임스 본드가 Q를 찾아가 최첨단 무기를 받아오는 것처럼 극적이거나 멋있지는 않더라도 전제는 동일하다. 고객은 어려움에 처했고 도움이 필요하다. 우리가 고객이 직면한 어려움에 관해 이야기를 꺼내기 시작하면, 고객은 뭐가 되었든 제안하는 내용에 일단 관심을 기울이고 본다.

그런데 대부분의 브랜드가 놓치는 사항이 있다. 고객이 직면하는 난관에는 세 가지 차원이 있다는 사실이다. 스토리 속에서 주인공은 외적, 내적, 철학적 난관에 직면한다. 이유가 뭘까? 인간이 매일 일상을 살아가며 직면하는 문제도 똑같이 세 가지 차원이 있기 때문이다. 대부분의 기업은 외적 문제에 대한 해결책을 판매하려고 기를 쓴다. 하지만 스토리브랜드 공식을 공부하다 보면, 고객은 자신의 내적 불만을 해결하는 데 훨씬 큰 동기를 갖고 있음을 알게 될 것이다.

스토리브랜드 공식의 두 번째 단계에서는 고객이 경험하는 세 가지 차원의 문제를 살펴보고 그 해결책을 제시하는 메시지 작성법을 알아본다. 고객이 직면하는 문제를 이해하고 접근하다 보면, 고객의 원시적 욕구를 충족시킬 수 있는 브랜드 약속을 만들어낼 수 있다. 그렇게 되면 우리는 고객의 사랑을 받을 뿐만 아니라 열정적 브랜드 추종자들까지 거느린 회사로 거듭나게 된다.

3. 가이드를 만난다

 스토리브랜드 원칙 3: 고객은 또 다른 주인공을 찾지 않는다. 고객은 가이드를 찾고 있다.

스토리 속의 주인공이 자신의 문제를 직접 해결할 수 있다면 애초에 난관에 빠지지도 않았다. 수백 년간 스토리텔러들이 주인공의 승리를 도와주기 위한 또 다른 캐릭터를 만들어낸 이유가 바로 그것이다. 이 보조 캐릭터를 우리 회사에서는 '가이드'라고 부른다.

아카데미상을 수상한 톰 후퍼 감독의 영화 〈킹스 스피치〉를 보면 영국 왕 조지 6세는 말더듬증을 극복하려고 고군분투한다. 영국은 독일에 대항해 전쟁을 준비하고 국민들은 리더의 자신 있는 통솔을 기대한다. 절박해진 조지 6세는 연극을 전공하다가 언어 치료사로 전향한 라이오넬 로그에게 도움을 청한다. 로그는 조지 6세에게 계획을 제시하고 왕의 연설을 함께 연습하며 강력한 연설가가 될 수 있게 돕는다. 이 것은 〈스타워즈〉에서 오비완과 요다가 루크 스카이워커를 도와준 것이나 〈헝거게임〉에서 헤이미치가 캣니스를 도와준 것, 그리고 〈인사이드 아웃〉에서 빙봉이 조이를 도와준 것과도 비슷하다. 거의 모든 영화에서 이런 가이드가 등장하는 것은 결코 우연이 아니다. 인간이라면 누구나 나의 싸움을 도와줄 가이드를 찾고 있다.

스스로를 '주인공'으로 설정하는 브랜드들은 알게 모르게 고객과 경쟁 관계에 서게 된다. 모든 사람은 주인공의 눈으로 세상을 바라본다. 아무리 이타적이고 관대하고 희생적인 사람이어도, 세상은 나를 중심으로 돌아간다. 하루하루는 말 그대로 '우리'가 세상과 마주하는 이야기다. 고객도 자기 자신을 그렇게 느낀다. 고객에게는 자신이 세상의 중심이다.

브랜드가 스스로를 주인공으로 설정하면 고객은 다가오지 않는다. 우리 회사가 얼마나 훌륭한 회사인지 떠들어대면 고객은 그 회사가 희소한 자원을 놓고 자신과 경쟁하는 것인지 의심한다. 고객의 무의식적 사고 패턴을 살펴보면 이런 식이다.

'아, 나처럼 또 다른 주인공이구나. 저 주인공의 얘기를 더 들을 시간이 있으면 좋겠다만, 지금 나는 가이드를 찾기도 바빠.'

스토리브랜드 공식의 세 번째 단계에서는 고객이 우리를 가이드로 인식하게 만드는 두 가지 방법을 살펴볼 것이다.

4. 계획을 제시한다

 스토리브랜드 원칙 4: 고객은 계획을 가진 가이드를 신뢰한다.

우리는 고객이 원하는 게 뭔지 파악했고, 고객이 직면한 세 가지 차원의 문제를 정의했으며, 우리 자신을 가이드로 설정했다. 고객은 그런 우리의 노력을 무척 고마워할 것이다. 하지만 아직도 고객은 물건을 구매하지는 않는다. 왜일까? 고객이 취할 수 있는 간단한 행동 계획을 보여주지 않았기 때문이다.

구매는 커다란 의사결정이다. 제품이나 서비스가 비싼 것들이라면 더욱더 그렇다. 이 경우에 고객은 우리와 어떻게 거래를 하면 되는지 분명한 경로를 보여주길 바랄 것이다. 이 경로를 만들기 위해 사용하는 스토리브랜드의 툴이 바로 '계획'이다.

거의 모든 스토리에서 가이드는 주인공에게 계획을 제시하거나, 정보를 주거나, 임무를 완수하는 데 쓸 수 있는 몇 가지 단계를 알려준다.

영화 〈스타워즈〉에서 요다는 루크에게 포스를 믿으라고 말하면서 포스를 쓸 수 있는 방법을 훈련시킨다. 사람들은 자신의 문제를 해결하려면 어떤 단계들을 밟아야 하는지 찾고 있다.

스토리브랜드 공식의 네 번째 단계에서는 각각 '약속 계획'과 '과정 계획'이라는 두 종류의 계획을 살펴본다. 이 계획들은 고객의 신뢰를 확보하고 고객이 안정 상태에 이를 수 있는 분명한 길을 제시해 구매 확률을 현저히 높여줄 것이다.

5. 행동을 촉구한다

 스토리브랜드 원칙 5: 행동하라고 자극하지 않으면 고객은 행동에 나서지 않는다.

스토리 속에서 캐릭터들은 스스로 행동에 나서지 않는다. 대신에 캐릭터에게 행동하라고 자극하는 누군가가 있다. 15킬로그램을 감량해야 하는 어느 남자에 관한 이야기를 하고 있는데 이 남자가 갑자기 자유 의지로 감량하겠다고 결심한다면 관객은 극장을 나가버릴 것이다. 인생은 그렇지 않다. 매사에는 이유가 필요하다. 남자가 고등학교 시절의 여자친구를 우연히 마주쳤는데 그녀가 요가 강사라든가, 친구들과 내기를 했는데 지지 않으려면 마라톤을 해야 한다든가, 어떤 이유가 필요하다. 모든 캐릭터는 외부 요인의 자극에 의해서만 행동에 나선다.

스토리 속에 이 원칙이 있는 이유는 인생에 이 원칙이 있기 때문이다. 인간은 스토리를 통해 자극을 받았을 때에만 행동에 나선다.

그런데 고객에게 행동하라고 분명하게 촉구하는 회사는 별로 없다. 행동을 촉구하려면 고객이 난관을 극복하고 평화로운 일상으로 돌아가기 위해 할 수 있는 조치를 분명하게 알려줘야 한다. 분명한 행동 촉구가 없다면 사람들은 제품을 구매하지 않을 것이다.

스토리브랜드 공식의 다섯 번째 단계에서는 수천 개의 기업들이 효과를 보았던 두 가지 행동 촉구를 알려줄 것이다. 하나는 고객에게 구매를 요청하거나 예약을 잡게 하는 '직접적 행동 촉구'다. 다른 하나는 고객과의 관계를 쌓는 '전환적 행동 촉구'다. 메시지를 전하면서 두 가지 행동 촉구를 모두 사용하면 고객은 우리가 그들에게 뭘 바라는지 정확히 알 수 있고, 그에 따라 고객의 스토리 내에서 우리에게 역할을 맡길지 말지 결정할 수 있다. 올바른 방식으로 행동을 촉구하면 우리를 멀뚱히 쳐다보고 있던 고객도 행동에 나설 것이다.

6. 실패를 피하도록 도와준다

 스토리브랜드 원칙 6: 모든 인간은 비극적 결말을 피하려 노력 중이다.

스토리를 죽이고 살리는 것은 한 개의 질문이다. '뭐가 걸려 있는가?' 얻거나 잃을 게 아무것도 없다면 아무도 신경 쓰지 않는다. 주인공이 폭탄을 해체할 것인가, 아니면 사람들이 죽을 것인가? 저 남자가 여자를 얻을 것인가, 아니면 쓸쓸히 회한에 빠질 것인가? 스토리에 목마른 관객들의 마음속에는 바로 이런 종류의 질문이 자리하고 있다. 만약 성패를 결정짓는 무언가가 들어 있지 않다면 그것은 스토리가 아니다. 마찬가지로 제품을 사든 말든 아무것도 걸린 게 없다면 고객들은 제품을 사지 않을 것이다. 그럴 이유가 없지 않은가? 우리는 사람들에게 거래하지 '않았을 때' 어떤 대가를 치르게 되는지 보여줘야 한다.

1980년대에 패스트푸드 체인인 웬디스Wendy's는 미국인들에게 이렇게 물었다.

"소고기가 어디 있나요?"

경쟁사들이 고기를 충분히 사용하지 않는다는 암시였다. 그렇다면 웬디스가 아닌 다른 브랜드를 선택했을 때 걸려 있는 건 뭘까? 형편없는 샌드위치나 먹어야 할지 모른다는 사실이다. 마찬가지로 홀푸드Whole Foods가 거대한 산업을 일굴 수 있었던 것은 고객들이 '지나치게 가공된 음식'이라는 결과물을 피하도록 도와주었기 때문이다. 이후에는 트레이더 조스Trader Joe's가 고객들이 '홀푸드의 가격'이라는 결과를 피할 수 있게 돕고 있다.

생활 속의 좋지 못한 게 뭔지 고객들에게 똑똑히 알려주고 그 좋지 못한 것을 피하게 도와주는 브랜드는 고객의 관심을 끈다. 이것은 좋은 스토리가 듣는 이의 마음을 사로잡는 것과 같은 이유다. '뭐가 걸려 있는지' 분명히 말했기 때문이다.

스토리브랜드 공식의 여섯 번째 단계에서는 고객의 스토리에서 당신의 브랜드와 관련하여 걸려 있는 것이 무엇인지 찾아내는 법을 알려줄 것이다. 하지만 그전에 한 가지 지적하고 넘어갈 것이 있다. 고객과 소통할 때 이 공식의 7가지 요소가 모두 균등하게 사용되어야 하는 것은 아니다. 스토리브랜드 공식을 '빵 한 덩이를 위한 레시피'라고 생각하자. 여기서 실패는 소금과 같다. 너무 많이 사용하면 풍미를 망치고, 사용하지 않으면 밍밍한 맛이 된다. 그럼에도 불구하고 중요한 것은 '스토리에는 뭔가 걸려 있어야 한다'는 것이다.

7. 성공으로 끝맺는다

 스토리브랜드 원칙 7: 우리 브랜드가 저들의 삶을 어떻게 바꿀 수 있는지 당연히 알 거라고 생각하지 말고, 직접 말해줘라.

고객이 우리 제품이나 서비스를 구매할 경우 고객의 삶이 얼마나 훌륭해질 수 있는지 우리가 직접 말해줘야 한다. 로널드 레이건은 "언덕 위의 빛나는 도시"를 그려 보여주었다.[2] 빌 클린턴은 "21세기로 가는 다리를 놓도록" 돕겠다고 했다.[3] 어둡고 음울했던 대공황의 와중에 프랭클린 루스벨트는 "해피 데이즈 아 히어 어겐(Happy Days Are Here Again, 다시 행복한 시절이라네)"를 공식 선거유세 곡으로 사용했다.[4] 마찬가지로 애플은 우리가 스스로를 표현하고 목소리를 낼 수 있는 도구를 제공했다. 웨이트워처Weight Watchers는 체중을 감량해 가뿐해질 수 있게 하고, 맨즈 웨어하우스Men's Wearhouse는 우리가 자신의 모습에 만족할 수 있게 만들었다. 누구나 바라는 모습이 있다. 어떻게 바꿔줄지 말해주지 않는다면 고객은 다른 브랜드로 관심을 돌릴 것이다.

스토리브랜드 공식의 일곱 번째 단계에서는 메시지 전략에서 어쩌

면 가장 중요한 요소가 될 사항을 자세히 설명할 것이다. 우리 제품이
나 서비스를 구매했을 때 고객의 삶이 얼마나 근사해질 수 있는지 비
전을 제시하는 것 말이다.

자신의 브랜드에 적용하는 방법

지금쯤 머리가 핑핑 돌지도 모른다. 고작 7단계 공식이라고는 하지
만, 마케팅 자료가 다시 효과를 발휘할 수 있는 메시지를 대체 어디서
찾아낸단 말인가?

우리는 그 과정을 단순화시키기 위해 툴을 만들었다. 이 툴이 분명
한 메시지를 드는 데 필요한 시간과 노력을 줄여줄 것이다. 여러분은
이 툴에서 재미를 느낄 테고, 이것을 이용해 효과적인 마케팅 자료를
만들고 싶어질 것이다. 앞서 말했듯이 이 툴을 우리는 '브랜드 각본'이
라고 부른다. 이제 이 브랜드 각본이 여러분에게 최고의 친구가 되어
줄 것이다.

마이스토리브랜드닷컴mystorybrand.com을 방문하면 스토리브랜
드 브랜드 각본을 무료로 만들 수 있다. 브랜드 각본의 모습은 다음과
같이 생각보다 간단하다.

이제 이 7가지 요소를 하나씩 차근차근 설명하며 여러분 회사의 브랜드 각본을 만들어볼 것이다. 브랜드 각본이 완성되면 제품과 서비스에 관해 어떤 식으로 말해야 할지 더 이상 막연하게 생각하지 않아도된다. 잠재적 고객들을 강력하게 사로잡을 수 있는 메시지가 생길 것이다.

가장 먼저 만들어야 하는 브랜드 각본은 브랜드 일반을 대표하는 스크립트다. 그다음에는 회사의 각 사업부에 해당하는 브랜드 각본을 만들고, 그 후에는 사업부 내의 제품별 브랜드 각본을 만들어본다. 원한다면 고객층의 각 세그먼트마다 브랜드 각본을 하나씩 만들 수도 있다. 브랜드 각본의 활용법은 무궁무진하다.

브랜드 각본은 메시지를 정리하고 단순화시키는 데 강력한 도움을 줄 것이며, 두고두고 계속해서 활용할 수 있다. 브랜드의 내러티브를 한 페이지 내에서 볼 수 있게 되면 이는 곧 분명한 메시지로 변환되어 사업을 성장시켜줄 것이다.

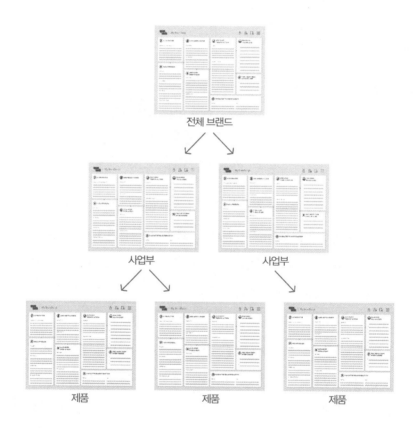

스토리브랜드의 7단계 공식을 차근차근 알아가고 싶다면 아래와 같이 하면 된다.

1. 앞으로 소개될 7단계 공식을 차례로 읽는다.
2. 각 장을 읽은 후 브랜드 각본에 어떤 메시지를 적을 수 있을지 브레인스토밍을 실시한다.
3. 브레인스토밍한 내용을 꼼꼼히 살펴보고 브랜드 각본의 각 칸에 적을 구체적 메시지를 결정한다.

각자의 브랜드 각본을 완성하고 나면 기본 메시지가 생긴다. 이 기본 메시지를 기반으로, 웹사이트나 브리핑 등 온갖 종류의 마케팅 및 메시지 자료에 스토리브랜드 7단계 공식을 적용하면 된다. 메시지는 간단하고, 와닿고, 반복 가능해야 한다. 기억하라. 고객의 마음에 와닿으면서 간단하고 선명한 메시지는 매출로 직결된다.

실천하는 자와 안일한 자의 차이

아마 이쯤 되면 스토리브랜드 공식의 각 단계를 깊이 고민하는 과정은 그냥 건너뛰고 앞질러 가고 싶은 유혹을 느낄 것이다. 브랜드 각본을 그냥 채워 넣기만 하면 되는 것 아닌가?

아마추어 시나리오 작가도 똑같은 실수를 한다. 자신이 스토리의 원리를 다 안다고 생각해서 일단 집필부터 시작한다. 그러다가 두 달쯤

후에 왜 자신이 쓴 스토리는 지루하고 연결이 전혀 안 되는지 고민한다. 그 이유는 과정을 대충 훑어만 보고, 힘들여 실전 규칙들을 공부하지 않았기 때문이다!

스토리브랜드 공식의 각 단계들은 절대로 어겨서는 안 될 규칙들을 갖고 있다. 이 규칙을 지키지 않는다면 고객은 스토리 속에서 자신의 모습을 찾지 못할 테고, 브랜드에 관심을 가질 확률은 현저하게 낮아진다.

해마다 수천 개의 기업이 문을 닫는다. 그들이 훌륭한 제품을 만들지 못해서가 아니다. 그 제품을 본 고객들이 그 물건이 내 삶을 어떻게 개선해줄지 이해하지 못했기 때문이다. 우리가 고객의 스토리를 구성하는 각 요소를 면밀히 분석하지 않는다면, 고객은 우리가 무관심하다고 느끼고 다른 경쟁 브랜드로 옮겨갈 것이다.

너무 늦었다고 생각하는 사람도 있을 것이다. 이미 책으로 나올 정도면 다른 사람들도 모두 이 방법을 사용하고 있을 거라고 말이다. 하지만 과연 그럴까? 책을 펼쳐서 처음 20페이지만 읽고 덮어버리는 사람이 얼마나 많은가? 아마 대부분이 그럴 것이다.

하지만 여러분은 이미 20페이지 이상 넘겼다. 여러분은 이 과정을 실천하기로 결심했지만 경쟁사는 그렇지 않다면? 또한 책을 읽었더라도 읽은 내용을 실천하지 않는다면 어떨까?

인간의 본성이란 안일함을 찾게 되어 있다. 부디 이 과정을 끝내고 경쟁자의 코를 납작하게 해주길 바란다. 선명한 메시지를 전달해라. 회사를 성장시켜라. 경쟁사의 재주가 더 뛰어날 수는 있어도, 여러분이 긴장의 끈을 늦추지만 않는다면 노력만큼은 결코 여러분을 뛰어넘을 수 없을 것이다.

캐릭터

주인공은 고객이지, 회사가 아니다.

스토리가 정말 재미있으려면 주인공이 폭탄을 해체해야 하거나, 누군가의 마음을 얻어야 하거나, 악당을 무찔러야 하거나, 정서적 혹은 육체적 생존을 위해 싸워야 한다. 스토리는 주인공이 무언가를 원하는 것으로부터 시작된다. 그러고 나면 질문은 이렇게 바뀐다. '주인공이 과연 원하는 것을 얻게 될까?'

관객은 주인공이 원하는 게 뭔지 알기 전까지는 그의 운명에 대해 별 관심이 없다. 그렇기 때문에 시나리오 작가는 영화가 시작되고 9분 내에 주인공의 포부가 무엇인지를 명확히 정의해야 한다. 저 패배자가 승진을 하게 되는 건가? 저 선수가 마라톤을 완주하는 건가? 저 팀이 우승하는 건가? 이런 의문들이 관객을 2시간 동안 꼼짝없이 붙잡아둔다.

브랜드라면 고객이 원하는 게 뭔지를 명확히 정의해야 한다. 고객이 원하는 것을 정의하는 순간, 고객의 마음에 '이 브랜드가 정말로 내가 원하는 것을 얻게 도와줄 수 있을까?'라는 스토리 질문이 만들어지기 때문이다.

최근 어느 고급 리조트가 분명한 메시지를 만들고 싶다고 우리 회사에 의뢰를 해왔다. 다른 많은 기업과 마찬가지로 이 회사 역시 정체성의 위기를 겪고 있었다. 마케팅 자료에는 식당과 안내 데스크, 직원들의 사진이 가득했다. 모두 멋져 보이긴 했지만 리조트 건물을 팔려고 하는 게 아닌 이상, 고객들을 스토리 속으로 초대하는 느낌은 들지 않았다.

실제로 고객이 원하는 것은 고급스러우면서도 휴식이 되는 경험이었다. 그런데 웹사이트에는 회사에 대한 긴 이야기가 텍스트로 실려 있었다(회사가 주인공이었다). 스토리브랜딩 작업을 거친 후 웹사이트에는 텍스트 대신 따뜻한 목욕이나 포근한 수건, 가운, 스파에서 마사지 받는 모습, 골프 코스를 따라 바람에 흔들리는 나무를 배경으로 흔들의자에 앉아 있는 모습 등의 사진이 들어갔다. 메인 페이지에 있던 텍스트는 다음과 같이 짧고 강력한 카피로 바뀌었다. "여러분이 찾던 고급스러운 휴식." 전 직원이 이 표현을 주문처럼 외게 됐다. 고객이 원하는 게 뭔지 명확히 정의하고 나자 직원들의 생각도 분명해졌고 동료애가 생겼다. 전 직원이 고객들을 초대할 스토리 속에서 자신이 차지하는 역할을 정확히 이해하게 됐다.

우리와 협업했던 어느 대학은 고객의 열망을 이렇게 정의했다. "퇴근 후에 수료할 수 있는 번거롭지 않은 MBA." 어느 조경 회사는 고객의 포부를 다음과 같이 유머러스하게 정의하기도 했다. "이웃집보다 좋아 보이는 내 앞마당." LA의 어느 출장 뷔페 업체는 고객의 열망을 이렇게 정의했다. "원하는 곳에서 질 높은 이동식 만찬 경험." 고객이 원하는 게 뭔지 찾아내 쉽게 소통하게 되면 고객을 초대하는 스토리가 명확하게 정의되고 방향성이 생긴다.

우리가 협업한 회사들의 사례를 좀 더 들어보면 아래와 같다.

금융 자문: "은퇴를 위한 계획"

대학 동문회: "의미 있는 유산을 남기세요"

고급 식당: "모두가 기억할 한 끼"

부동산 중개회사: "당신이 꿈꾸던 집"

서점: "푹 빠져드는 이야기"

조식 식당: "건강한 하루의 시작"

고객이 원하는 것을 명확히 정의해주면 고객은 우리가 이끄는 방향으로 자신의 스토리를 변경할 마음이 생긴다. 고객이 우리 브랜드를 신뢰할 수 있고 믿을 만한 가이드로 보게 되면 구매 가능성도 커진다.

<u>스토리 갭story gap</u>

스토리에서 고객의 잠재된 열망을 확인하면 종종 스토리 갭이라는 것이 생기기도 한다. 캐릭터와 그 캐릭터가 원하는 것 사이에 간격이 만들어졌다는 뜻이다. 스토리 갭이 있을 때 영화 관객들은 정신을 집중한다. 그 갭이 과연 메워질지, 만약 메워진다면 어떤 식으로 메워질지 궁금하기 때문이다.

영화 〈본 아이덴티티〉에서 제이슨 본은 기억 상실증을 앓는 스파이다. 우리는 본이 그를 도와줄 사람을 찾을 수 있을까 궁금해한다. 본이 마리라는 여성을 만나면서 그 갭은 닫히지만 또 다른 갭이 열린다. 본과 마리는 그 나라를 떠나야 한다. 두 사람이 탈출하면 그 갭은 닫히고다시 또 다른 갭이 열린다. 이런 사이클이 반복되면 팽팽한 긴장감이지속되어 마지막까지 관객의 관심을 붙잡아두게 된다.

스토리 갭의 힘을 이해한다는 것은 인간의 뇌가 욕망을 만드는 원리를 이해한다는 뜻이다. 심지어 클래식 음악도 이런 공식을 따른다. 전통적인 소나타는 세 부분으로 쪼갤 수 있다. 제시부, 발전부, 재현부가그것이다. 마지막 섹션인 재현부는 제시부의 변형된 버전에 불과하지만 뭔가가 해소되는 듯한 느낌을 준다. 잘 이해가 가지 않는다면 '반짝반짝 작은 별'에서 마지막 음인 '네'를 한번 빼고 불러보자. 끝나도 끝난 것 같은 느낌이 들지 않을 것이다.

이 점은 시에서도 마찬가지다. 바이런 경의 첫 줄 '밤처럼 아름답게그녀가 걸어오네She walks in beauty, like the night"를 들으면 스토리갭이 열린다. 우리는 '밤처럼night'과 운율이 맞는 단어가 나타나 마음속에 열린 갭을 닫아주기를 기다린다. "구름 한 점 없이 별이 반짝이는밤처럼of cloudless climes and starry skies"을 들으면 뭔가가 해소된

듯한 느낌이 든다.

스토리 갭이 열리고 닫히는 것은 자석과 같아서 인간의 많은 행동을 좌우한다. 흥분은 스토리 갭이 열리는 것이고 성적 만족은 그 갭이 닫히는 것이다. 배가 고프면 스토리 갭이 열리고 식사를 하면 그 갭이 닫힌다. 스토리 갭의 개폐로 설명되지 않는 행동은 거의 없다.

고객이 원하는 게 뭔지 명확히 정의하지 못하면 스토리 갭을 열지 못한다. 그러면 고객은 우리에게 관심을 가지지 않는다. 해결이 필요한 의문이 없기 때문이다. 고객이 원하는 것을 정의하고 그것을 마케팅 자료에 포함시켜야 스토리 갭이 열린다.

고객이 원하는 것을 단 한 가지로 단순화하라

고객이 원하는 것을 정의할 때 많은 기업들이 크게 실수하는 부분이 있다. 고객의 열망을 하나의 초점에 맞추지 않는 것이다. 내가 대화를 나눠보면 수많은 기업 리더가 바로 이 지점에서 좌절하며 이렇게 말한다. "잠깐만요. 저희는 고객이 원하는 걸 27가지나 제공한다고요. 그걸 다 언급하면 안 되나요?"

대답은 "안 된다"이다. 적어도 지금은 아니다. 구체적인 열망을 명확히 정의하고, 그걸 달성할 수 있도록 도와준다는 사실이 널리 알려지기 전까지는 상충하는 스토리 갭을 너무 많이 브랜드 각본에 추가해서는 안 된다.

수많은 열망을 충족시켜주는 제품이나 서비스를 가진 경우에는 이

점이 실망스러울 수도 있다. 하지만 실제로 다양성을 가진 브랜드는 아마추어 시나리오 작가가 굴복하는 것과 똑같은 어려움에 직면한다. '너무 많은 포부를 가지고 주인공의 열망을 희석시켜 스토리를 어수선하게 만드는 것' 말이다.

전체 브랜드를 위한 스크립트를 쓸 때는 하나의 단순한 열망에 집중하라. 그런 다음 각 사업부나 제품을 위한 캠페인을 만들면서 전체 브랜드의 하위 플롯으로 고객이 원하는 더 많은 것들을 확인하면 된다. 기업 리더가 고차원적인 수준에서 직면하는 가장 중요한 난관은 고객이 원하는 것을 간단하면서도 마음에 와닿는 무언가로 정의하고, 그 부분에서 약속을 지킨다는 명성을 얻는 일이다.

다른 모든 것들은 하위 플롯일 뿐이다. 하위 플롯은 고객의 기본적인 열망이 충족된 후에만 고객에게 훨씬 더 많은 기쁨과 놀라움을 가져다준다.

고객의 생존과 관련된 열망을 선택하라

고객이 원하는 것을 정의한 브랜드가 자주 저지르는 두 번째 실수가 있다. 브랜드가 정의한 열망이 고객의 생존과 관련된 느낌을 주지 못하는 경우다. 그물망을 넓게 치고 싶은 마음에 지나치게 애매모호한 열망을 정의하게 되면 고객은 애초에 그게 왜 필요한지 이해할 수 없다.

최근 어느 리더십 전문가가 우리 회사에 브랜드 피드백을 요청한 일이 있었다.

그의 마케팅 자료를 훑어보니 고객이 원하는 것을 정의한 부분이 지나치게 막연했다. 그의 브랜드는 미래의 리더들에게 지식을 나눠준다는 생각을 바탕으로 하고 있었다. 그는 자신이 리더십에 관한 자원의 창고라고 여겼고, 남다르게 뛰어나고 싶은 사람들이 자신을 찾아오기를 바랐다.

실제로 그의 표어는 "지식을 들이쉬고 성공을 내뱉으세요"였다. 이만하면 분명한 것 아니냐고? 과연 그럴까? 대체 '성공을 내뱉는다'는 게 무슨 뜻인가? 그는 고객이 너무 많은 정신적 칼로리를 소모하게 만들고 있었다. 고객의 생존과 번창을 그가 어떻게 도와준다는 것인지 이해하기 힘들었다.

나는 메시지를 편집해보라고 권했다. "지식을 들이쉬고 성공을 내뱉으세요" 대신에 그냥 "모두에게 사랑받는 리더가 되게 도와드립니다"라고 말하는 것이다.

모두에게 사랑받는 리더가 된다는 말은 고객이 더 존경받고 자기 집단과 더 긴밀한 관계가 되며 사회적 기회나 커리어가 더 확장된다는 것을 의미했다. 성공을 내뱉는다는 말이 듣기에는 그럴싸할지 몰라도, 한 집단의 리더로서 번창한다는 생존과 직결된 문제를 바로 떠올리게 만들진 못했다. 사람들은 언제나 자신의 생존과 번창을 도와주는 스토리를 선택한다.

다행히 그는 내가 제시한 아이디어를 마음에 들어 했다. 아마도 이미 그가 하고 있는 일이기 때문일 것이다. 고객이 원하는 것을 정의하고 그것을 고객의 생존 욕구와 연결시켰더니 매력적인 스토리 갭이 열린 경우였다.

생존이 무슨 뜻인가?

내가 '생존'이라고 하는 것은 누구나 가지고 있는 안전하고, 건강하고, 행복하고, 강해지고 싶은 원시적인 욕구를 말한다. 생존은 먹고 마시고 번식하고 적을 물리칠 경제적, 사회적 자원을 갖고 있다는 단순한 의미다. 그렇다면 이 정의에 들어맞는 욕구에는 어떤 것들이 있을까? 아래에 몇 가지 예시를 들어보았다.

금융 자원을 보존한다: 생존하고 번창하려면 자원을 보존해야 한다. 간단히 말해서 돈을 모아야 한다는 얘기다. 브랜드가 고객의 돈을 절약하게 도와준다면 생존 메커니즘을 적극 활용하는 일이 된다. 월마트는 '매일 낮은 가격'이라는 약속을 바탕으로 브랜드를 구축했다. 월마트의 캐치프레이즈 "돈 아껴서 더 잘살자" 역시 절약과 가치를 역설함으로써 자원의 보존이라는 기본적 생존 전략을 십분 활용하고 있다.

시간을 아낀다: 선진국에서는 대부분의 고객이 사냥·채집이라는 생존 단계를 넘어섰다. 그렇기에 사람들은 '기회비용'이라는 개념에 익숙하다. 회사가 제공하는 청소 서비스 덕분에 고객이 다른 일을 하거나 가족들과 시간을 더 보낼 수 있다면 고객은 관심

을 가질 것이다.

사회적 관계를 구축한다: 커뮤니티를 찾을 수 있게 도와주는 브랜드는 또 다른 생존 메커니즘을 기회로 활용하는 셈이다. 우리는 동료에게 커피를 가져다주면서 그냥 친절을 베푼다고 생각하지만, 사실 그런 친절을 베푸는 이유가 따로 있다면 어떨까? 적들이 쳐들어왔을 때 내 집단과의 유대 관계를 돈독하게 만들기 위해 우리의 원시 뇌가 활약한 것이라면? 거기다 인간은 남을 보살피고 보살핌을 받고 싶은 강력한 욕구가 있다는 사실까지 고려하면 커뮤니티를 찾아준 브랜드는 또 다른 생존 메커니즘을 제대로 활용한 것이다.

지위를 얻는다: 메르세데스 벤츠나 롤렉스 같은 고급 브랜드는 생존이라는 측면에서 보면 실용적 의미는 별로 없다. 그렇지 않은가? 더 흔한 브랜드의 자동차로도 충분할 텐데 많은 돈을 써서 값비싼 자동차를 사는 것은 오히려 생존에 반하는 것처럼 보이기까지 한다. 그러나 지위의 중요성을 생각해보면 얘기가 달라진다. 어느 집단에서든 지위는 생존 메커니즘이다. 힘 있는 아군을 끌어 모을 수 있는 부유한 분위기를 풍기고, 사자가 큰소리로 울부짖는 것처럼 잠재적 적들을 물리치기도 한다. 비슷한 취향의 사람을 좋아한다면 짝을 확보할지도 모른다. 롤렉스, 메르세데스 벤츠, 루이비통 등 기타 명품 브랜드들은 단순히 자동차나 시계

를 파는 게 아니다. 그들은 권력이나 위신, 세련됨과 연관된 정체성을 팔고 있다.

자원을 축적한다: 당신이 제안하는 제품이나 서비스가 돈을 벌고 필요한 자원을 축적하는 데 도움이 된다면 사람들의 생존 욕구와 금방 연결될 수 있다. 돈이 많아지면 고객은 생존에 필요할 수도 있는 다른 자원들을 확보할 기회가 늘어난다. B2B 사업을 운영하는 경우, 생산성이나 매출을 높이거나 낭비를 줄인다면 기업 또는 개인의 생존과 번창에 필요한 것이라는 강력한 인상을 심어줄 것이다.

관대하고 싶은 내적 욕구: 위에 나열한 욕구들 중에 사악한 것은 하나도 없다. 우리는 생존에 몰두하게끔 만들어졌고, 이건 부정할 수 없는 사실이다. 그럼에도 불구하고 안심할 수 있는 한 가지 사실은 거의 모든 인류가 후한 인심을 쓸 수 있는 어마어마한 잠재력을 갖고 있다는 점이다. 희생적인 사람이라는 정체성을 확보하면 적들을 물리치고 외부의 비난을 줄이고 집단 내에서 신뢰를 확보하는 등 실제로 생존에 도움이 된다. 뿐만 아니라 사실 우리는 진심으로 남들도 생존하기를 바란다. 우리는 공감능력이 있고 남을 아끼기에 타인의 행복을 위해 기꺼이 희생하기도 한다. 인간은 나 자신의 생존에만 관심이 있는 게 아니라 타인의 생존에도 관심이 있다. 특히나 내가 누리고 있는 기회를 부여받지 못한 사람의 생존에 관해서는 더욱 관심을 가진다.

의미를 향한 욕구: 빅토르 프랑클Viktor Frankl은 인간의 주된 욕구가 쾌락이 아니라 '의미'라는 생각을 피력해 지그문트 프로이트와 논쟁을 벌였다. 실제로 프랑클은 『죽음의 수용소에서』라는 책에서 인간이 유혹을 가장 많이 받을 때는 인생의 의미를 찾을 수 없어 쾌락으로 눈을 돌릴 때라고 했다. 설득력 있는 주장이다.[1] 그렇다면 고객에게 어떤 의미를 제안할 수 있을까? 고객들에게 후한 인심을 쓸 기회를 제공하는 것과 마찬가지로, 고객이 개인의 차원을 넘어 무언가에 참여할 기회를 제공할 수도 있다. 어떤 '운동'을 펼치고, 옹호할 수 있는 '대의'를 제시할 수 있다. 진짜 악당에 대항해서 용감하게 싸우라고 얘기할 수 있다. 그 악당이란 사람일 수도 있고 유해한 사조일 수도 있다.

고객의 스토리 질문은 무엇인가?

앞서 어느 리더십 전문가에게 "모두에게 사랑받는 리더가 되게 도와드립니다"라는 표어를 제안한 얘기를 했다. 그때 그 전문가의 고객들은 이 메시지를 여러 가지 생존 카테고리로 해석할 수 있었을 것이다. 사회적 관계, 지위, 관대하고 싶은 내적 욕구, 자원을 얻을 기회, 심지어 더 깊은 의미를 향한 욕구까지 말이다.

비즈니스에서는 소통이 명확하지 않으면 사업이 쪼그라든다. 팀원들을 격려하거나 주주를 설득하거나 고객을 유치할 때 우리는 그들의 열망을 명확히 정의해야 한다. 그렇지 않으면 스토리 갭이 열리지 않고 고객은 우리를 무시할 것이다. 기억하라. 고객은 우리가 자신을 어디로 데려갈지 알고 싶어 한다. 고객이 원하는 게 뭔지 찾아내지 못하면 고객은 귀담아듣지 않는다.

고객은 히치하이커나 마찬가지다. 우리는 그를 태워주려고 차를 세운다. 고객의 마음속에서 불타고 있는 간절한 질문은 하나밖에 없다. '어디로 가세요?'

하지만 우리는 상대가 가까워지는데도 창문을 내리고 엉뚱한 소리를 한다. 나의 미션 선언문을 얘기하고, 우리 할아버지가 이 차를 맨손으로 만들었고, 운전을 할 때 1980년대 얼터너티브 록만 듣는다는 따위의 소리를 한다.

상대는 관심이 없다. 상대가 원하는 것은 샌프란시스코에 도착하는 것뿐이다!

브랜드 전략 목표는 모든 고객이 우리가 그를 어디로 데려가려는지 정확히 알 수 있게 해야 한다. 고객이 휴식을 취할 수 있는 고급 리조트인지, 모두에게 사랑받는 리더가 되는 것인지, 돈 아껴서 더 잘살자는 것인지 알 수 있어야 한다.

잠재 고객을 붙잡고 이 브랜드가 당신을 어디로 데려갈 것 같으냐고 물었을 때 누구든 대답할 수 있는가? 브랜드가 제안하는 내용을 정확히 그대로 읊을 수 있는가? 그렇지 않다면 당신의 브랜드는 혼란을 초래하는 중이다.

이런 상황은 바꿀 수 있다. 고객의 열망을 먼저 정의하라. 그런 다음 스토리 속으로 고객을 초대한다면 고객은 분명히 끌려 들어올 것이다.

─────── **메시지가 분명해야 고객이 귀담아듣는다** ───────

- 마이스토리브랜드닷컴을 방문해 브랜드 각본을 만들거나 기존의 브랜드 각본에 접속하라.
- 혼자 혹은 팀을 이루어 브레인스토밍을 실시하라. 우리가 충족시킬 수 있는 고객의 잠재적 열망은 무엇인가?
- 의사결정을 내려라. 고객이 원하는 것을 선택해 브랜드 각본에서 '캐릭터' 부분을 완성하라.
- 다음 장을 읽은 후 이 과정을 반복하여 브랜드 각본의 다음 칸을 채워라.

👤 **캐릭터**

고객은 무엇을 원하는가?

_____
_____
_____
_____
_____

브랜드 각본의 첫 단계를 완성하고 나면 이제 근사한 스토리 속으로 고객을 초대하는 일이 시작된다. 이쯤 되면 고객은 당신과 당신의 브랜드가 제안하는 내용에 관심을 가진다. 그런데 고객을 스토리 속으로 더 깊이 끌어들이려면 어떻게 해야 할까? 다음 장에서 알아보기로 하자!

브랜드 각본의 나머지 부분도 모두 작성하고 싶은 유혹이 들 것이다. 하지만 각 단계와 관련된 장을 먼저 읽은 후 보다 정확하게 내용을 작성하기를 권장한다. 첫 번째 브랜드 각본을 완성하고 나면, 3부에서는 간단하면서도 효과적인 마케팅 툴 제작법을 알려줄 것이다.

난관에
직면한다

기업은 외적 문제에 대한 솔루션을 팔려고 하나,
고객은 내적 문제에 대한 솔루션을 사간다.

이제 당신은 고객의 스토리 속으로 들어왔다. 그렇다면 어떻게 해야
브랜드에 대한 고객의 관심이 높아질 수 있을까? 이번에도 스토리텔
러의 각본에서 또 하나를 빌려오자. 고객이 직면한 문제에 관해 이야
기하는 것이다. 고객의 문제를 파악하면 고객은 우리가 들려주는 스토
리에 대한 관심이 깊어진다. 모든 스토리는 문제를 해결하려 애쓰는
누군가에 대한 얘기다. 따라서 고객의 문제를 짚어주면 고객은 이 브
랜드가 자신을 이해한다고 생각한다.

문제는 스토리 속에서 '확 당기는 부분'이다. 고객의 문제를 찾아내
지 못하면 스토리는 밋밋해진다. 스토리 속의 갈등이 해결되자마자 관
객은 더 이상 주의를 집중하지 않는다. 소설가 제임스 스콧 벨James

Scott Bell의 말처럼 "독자는 초조함을 원한다"[1]. 이는 스토리뿐만 아니라 브랜드 전략에도 해당된다.

만약 영화 〈본 아이덴티티〉가 시작된 지 30분 후에 누군가 전화를 걸어와 제이슨이 누구이고 왜 기억 상실증에 걸렸으며 정부가 연금과 함께 해안가의 집까지 마련해준다고 말한다면 더 이상 아무도 영화를 보지 않을 것이다. 주의를 기울일 이유가 사라졌기 때문이다.

다시 한 번 강조하지만 고객이 겪는 문제에 관해 많이 이야기할수록 브랜드에 대한 고객의 관심은 더 커진다.

고객의 문제를 어떻게 이야기할 것인가

스토리브랜드 공식의 두 번째 단계에서는 고객의 흥미를 높이고 관심을 유도하며, 브랜드의 스토리에 깊이를 더할 수 있는 갈등의 세 요소에 관해 알아볼 것이다.

하지만 먼저 이 모든 갈등의 뿌리에서부터 시작해보자. 스토리에서 가장 역동적이고 흥미로운 캐릭터, '악당'에 대한 얘기다.

모든 스토리에는 악당이 필요하다

악당은 스토리텔러가 갈등에 분명한 초점을 제공하기 위해 가장 많이 사용하는 장치다. 시나리오 작가나 소설가는 악당이 강하고, 사악하고, 비겁할수록 관객들이 주인공을 동정하며 그의 승리를 기원한다는 사실을 알고 있다. 이것은 곧 관객의 몰입으로 이어진다. 조커가 없었다면 배트맨을 그렇게 동정할 수 있을까? 다스 베이더가 없는 루크 스카이워커는? 볼드모트가 없는 해리포터는?

제품이나 서비스에 관해 이야기할 때 고객이 귀를 쫑긋 세우기를 바란다면 우리 제품이나 서비스를 악당을 물리칠 때 쓸 수 있는 무기로 포지셔닝하면 된다. 그 악당은 당연히 비겁해야 하고, 꼭 사람일 필요는 없지만 의인화된 특징은 가져야 한다. 예를 들어 시간 관리 소프트웨어를 판매한다면 '한눈팔기'를 악당으로 만들 수도 있다. 고객이 한눈팔지 않기 위한 무기로 이 제품을 쓸 수는 없을까? 너무 극적인가? 하지만 한눈을 팔면 고객의 잠재력이 훼손될 뿐만 아니라 가족 관계를 망칠 수도 있고 온전한 사고를 방해하며 어마어마한 시간과 돈을 낭비할 수도 있다. 그렇다면 한눈팔기도 작은 '악당'이 될 수 있다.

지금까지 고객의 난관을 악당으로 만드는 요령을 설명했다. 이제 TV 광고를 볼 때마다 이 기법이 눈에 보일 것이다. 깡패 같은 가죽 재킷을 입은 '먼지 뭉치'들이 합심해 온 집안을 돌아다니며 바닥을 망쳐놓을 줄 누가 알았나? 하지만 먼지 뭉치는 임자를 만나게 된다. ACME Mop에서 내놓은 새로운 '대걸레' 말이다.

고객이 직면하는 난관을 광고회사가 의인화하는 이유는 상상력을 자극하면 불만을 집중 공략할 수 있기 때문이다. 하수구에는 날카로운 목소리를 가진 머리카락 뭉치가 살면서 둥지를 틀고 파이프를 막는다. 치아 사이에는 노란 덩어리들이 숨 쉬고 살아가며 플라크가 휴가 떠나는 얘기를 나눈다. 이런 것들은 모두 갈등을 의인화해서 일종의 악당으로 만든 사례다.

브랜드 각본에서 훌륭한 악당을 구성하려면 다음과 같은 네 가지 특징이 필요하다.

1. **악당은 문제의 확실한 근원이어야 한다:** 예컨대 좌절은 악당이 아니다. 좌절은 악당 때문에 느끼는 감정이다. 하지만 높은 세금은 훌륭한 악당이 될 수 있다.

2. **악당은 관련성이 있어야 한다:** 악당에 관해 이야기하면 사람들이 즉시 자신이 경멸하는 어떤 것을 떠올릴 수 있어야 한다.

3. **악당은 한 명이어야 한다:** 한 명이면 족하다. 악당이 너무 많이 출현하는 스토리는 내용이 분명하지 않아서 스토리가 무너져버릴 수 있다.

4. **악당은 진짜여야 한다:** 있지도 않은 공포를 조장하지는 말자. 세상에는 실제로 맞서 싸워야 할 악당이 얼마든지 있다. 고객을 위해 그런 악당을 노리자.

여러분 고객의 스토리에도 과연 악당이 있을까? 당연히 있다. 여러분의 제품이나 서비스가 무찌를 수 있는 가장 큰 갈등의 원인은 뭔가? 바로 그 악당에 관해 이야기하라. 그 악당에 관한 얘기를 많이 하면 할수록 고객들은 그 악당을 무찌를 수 있는 툴을 더욱더 갖고 싶어 한다.

나중에 브랜드 각본을 작성할 때는 브레인스토밍을 통해 고객이 어떤 종류의 악당과 마주하고 있는지 생각해볼 것이다. 하지만 지금은 먼저 그 악당이 유발하는 갈등의 종류부터 면밀히 살펴보기로 하자. 고객의 난관을 제대로 이해하고 나면, 그 난관에 관해 고객이 관심을 가질 수 있는 방식으로 얘기할 수 있는 좋은 방법도 떠오를 것이다.

갈등의 세 가지 차원

악당이 이야기 속의 적수가 되는 이유는 주인공에게 심각한 문제를 야기하기 때문이다. 당연하다. 하지만 스토리 속의 갈등에 세 가지 차원이 있다는 사실은 잘 모르는 사람이 많다. 이 세 가지 차원은 함께 작용해서 독자나 관객의 상상력을 사로잡는다. 주인공이, 혹은 고객이 직면하는 문제의 세 가지 차원은 아래와 같다.

외적 문제
내적 문제
철학적 문제

스토리 속에서 악당이 일으킨 외적 문제는 캐릭터로 하여금 내적 좌절을 겪게 만든다. 철학적으로 잘못된 일이기 때문이다. 이것은 고객이 제품을 구매할 때 해결을 바라는 문제의 세 가지 차원이기도 하다. 다소 복잡하게 들릴 수도 있지만, 각 차원의 갈등을 더 자세히 들여다

보면 고객의 좌절 중에서 정확히 어떤 부분을 이야기해야 메시지가 분명해질지 알 수 있다.

외적 문제

문학에서 악당의 역할은 주인공을 망쳐놓는 것이다. 악당은 주인공 사이에 장애물을 설치하고, 안정을 바라는 주인공의 간절한 열망에 훼방을 놓는다. 그러나 사악한 의도만으로는 충분하지 않다. 이 장애물을 대표하는 '무언가'가 있어야 한다. 그게 바로 '외적 문제'다.

스토리에서 외적 문제는 주인공이 싸움에서 이기기 위해 극복해야 하는 물리적이고 눈에 보이는 문제인 경우가 많다. 그것은 째깍째깍 시간이 흐르고 있는 시한폭탄일 수도 있고, 도주하는 버스일 수도 있고, 심지어 두 가지가 결합된 것일 수도 있다. 영화 〈스피드〉에 등장하는 키아누 리브스의 시한폭탄은 버스의 속도가 시간당 50마일 이하로 떨어지면 터져버린다! 외적 문제는 주인공과 악당 사이에서 중요한 체스 말처럼 움직인다. 주인공과 악당은 서로 그 말을 손에 넣어 게임에 이기려고 기를 쓴다.

그런데 스토리 속의 외적 문제와 브랜드 전략이 대체 무슨 관련일까? 대부분의 기업은 보험이나 의류, 축구공을 제공하는 것처럼 외적 문제를 해결하는 사업을 한다. 레스토랑이 해결하는 외적 문제는 배고픔이다. 배관공이 해결하는 외적 문제는 물이 새는 파이프이고, 해충 박멸 업자가 해결하는 외적 문제는 다락방의 흰개미다.

우리 회사가 해결할 외적 문제가 무엇인지 브레인스토밍하는 것이야말로 브랜드 각본을 작성하는 과정에서 가장 쉬운 부분이다. 보통은 따져볼 것도 없이 명백하다. 하지만 고객들이 전화를 걸거나 매장을 찾고, 웹사이트를 방문하는 이유가 외적 문제에 한정된다고 생각하면 착각이다. 거기에는 다른 이유가 있다.

내적 문제

마케팅 메시지를 외적 문제에 한정한다면 수천 달러, 심지어 수백만 달러의 대가를 치를 수도 있는 원칙 하나를 무시한 것이다. 그 원칙이란 '기업은 외적 문제에 대한 솔루션을 팔려고 하나, 고객은 내적 문제에 대한 솔루션을 사간다'는 것이다.

스토리 속에서 외적 문제가 존재하는 목적은 내적 문제를 드러내기 위함이다. 영화의 내용이 어느 남자가 폭탄을 해체하는 것뿐이라면 관객은 흥미를 잃을 것이다. 스토리텔러나 시나리오 작가가 하는 일은 주인공의 삶에서 좌절을 안겨준 뒷이야기를 만들어내는 것이다. 예컨대 영화 〈머니볼〉에서 빌리 빈은 선수로서의 커리어에 실패했고, 그래서 자신이 감독으로 재기할 수 있을지에 대해 의심을 품고 있다. 영화 〈스타워즈〉에서 루크 스카이워커는 삼촌에게 반란군에 입대하기에는 너무 어리다는 얘기를 듣는다. 루크가 끝까지 자신의 능력을 의심하는 것은 그 때문이다.

거의 모든 스토리에서 주인공은 똑같은 의심을 품고 있다. '과연 내가 해낼 수 있을까?' 이 의문 때문에 주인공은 좌절하고 능력을 발휘하지 못하고 혼란을 겪기도 한다. 그런 자기 의심이 뭔지 알기에 스포츠 영화를 보면서 아이를 키우는 열혈 엄마가 감정을 이입하고, 로맨틱 코미디를 보면서 트럭 운전수 남편이 공감한다. 이런 스토리들을 통해 알 수 있는 것은, 사람에게는 좌절을 해결하고 싶은 내적 욕구가 외적 문제를 해결하고 싶은 욕구보다 더 큰 동기 부여가 된다는 사실이다.

대부분의 브랜드는 바로 이 지점에서 중요한 실수를 저지른다. 고객이 해결하고 싶은 것이 오직 외적 문제일 거라고 생각해서 고객이 갖고 있는 더 깊은 스토리에 주목하지 못한다. 중요한 것은 우리가 해결하려는 외적 문제가 고객의 삶에 좌절을 야기하고, 그 좌절감 때문에 고객이 우리를 찾아온다는 사실이다. 스토리 속과 마찬가지다.

거의 망할 뻔했던 애플이 다시 재기의 발판을 마련할 수 있었던 것은 스티브 잡스가 사람들을 이해한 덕분이었다. 잡스는 사람들이 컴퓨터에 위압감을 느끼고 있고(내적 문제) 그래서 조작이 더 쉬운 인터페이스를 바란다는 사실을 알았다. 그렇게 나오게 된 것이 역대 가장 강력한 영향을 끼쳤던 애플의 광고다. 이 광고에서 애플은 사진을 찍고 음악을 듣고 책을 쓰고 싶어 하는 단순하고 현대적이고 재미있는 캐릭터를 보여주었다. 그 옆에는 운영 체계의 내부 원리에 관해 떠들고 싶어 하는, 별로 현대적이지 못한 찌질이가 있었다. 이 광고는 인생을 즐기고 자신을 표현하고 싶지만 기술적 얘기에는 자신이 없는 사람들이 찾고 싶은 회사로 애플 컴퓨터를 포지셔닝하고 있었다. 애플은 어떤 내적 문제를 찾아낸 걸까? 대부분의 사람이 컴퓨터를 보면 위압감을 느낀다는 사실이었다. 애플은 컴퓨터 이상의 것, 즉 소비자가 느끼는 위압감이라는 문제에 대한 해결책을 팔기 시작했다. 애플이 그토록 큰 성장을 이뤄내고 열정적인 브랜드 추종자들을 양성한 데는 고객의 내적 문제를 이해했다는 점도 크게 한몫한 것이다.

소비자가 제품이나 서비스를 구매하는 유일한 이유는 그것들이 해결할 수 있는 그 외적 문제로 인해 어떤 식으로든 좌절감을 맛보았기 때문이다. 그 좌절감이 뭔지 찾아내서 말로 표현할 수 있다면, 그리고 그 좌절감을 최초의 외적 문제와 함께 해결해줄 수 있다면 고객과 끈끈한 사이가 될 것이다. 왜냐하면 이제 우리는 고객의 내러티브 속 깊숙한 곳에 들어섰기 때문이다.

주택 페인팅 업체를 운영한다면 고객의 외적 문제는 집의 외관이 못생겼다는 점일 것이다. 하지만 고객의 내적 문제는 자신의 집이 동네에서 가장 못생겼다는 창피함일 수도 있다. 그 점을 이해한다면 "이웃들이 부러워할 색을 칠하세요"라고 마케팅을 펼칠 수도 있다.

우리 제품이 어떤 좌절을 해결해주는가?

중고차 딜러 체인 중에 카맥스CarMax라는 곳이 있다. 카맥스의 마케팅 자료를 보면 대부분 소비자가 경험하는 내적 문제, 즉 중고차 딜러를 상대해야 하는 문제에 초점이 맞춰져 있다. 중고차 매장에 들어서본 적이 있는 사람이라면 그게 어떤 기분인지 알 것이다. 마치 직업 레슬링 선수와 한판 붙으러 가는 듯한 기분이 든다.

카맥스는 고객들이 가격을 놓고 흥정하거나 속아서 잘못된 자동차를 사고 싶지 않다는 점을 잘 알고 있었다. 그래서 자동차를 구매할 때 거짓말에 속거나 힘들일 필요가 없게 만드는 것을 비즈니스 전략의 핵심으로 삼았다. 카맥스는 자동차에 붙은 가격이 최종 지불하는 가격이며, 영업사원들은 커미션 방식의 보상을 받지 않는다고 고객과 약정을 체결했다. 또한 철저한 품질 확인 및 검사 과정을 통해 카맥스에서 판매되는 모든 차를 믿어도 된다는 점을 강조했다.[2]

카맥스가 해결하는 외적 문제는 자동차가 필요하다는 점이지만 카맥스는 자동차를 광고하지 않는다. 카맥스가 미국에서 가장 신뢰성이 결여된 업계에 진출해 150억 달러짜리 프랜차이즈 기업을 만들 수 있었던 것은 고객의 내적 문제에 초점을 맞춘 덕분이었다.[3]

마찬가지로 스타벅스가 폭발적으로 성장한 것도 고객에게 커피를 제공해서가 아니다. 스타벅스가 그토록 성공한 것은 고객들이 휴식을 취할 수 있는 편안하고 세련된 환경을 제공했기 때문이다. 고객은 그곳에 들어서는 순간 벌써 기분이 좋아진다. 스타벅스는 커피 이상의 가치, 삶에 대한 열정과 세련된 느낌과 함께 친밀감과 소속감을 느낄 수 있는 미팅 장소를 제공한다. 스타벅스는 식당이나 바에서 시간을 보내던 미국의 문화를 이탈리아 스타일의 커피숍에서 시간을 보내는 것으로 바꿔놓았다. 고객이 어떤 기분을 느끼고 싶은지 이해했기 때문에 스타벅스는 미국인이 50센트라는 낮은 가격에 익숙하거나 집이나 직장에서는 공짜로 마시기도 하는 제품에 3~4달러를 받을 수 있었다. 고객은 커피를 한 잔 살 때마다 훨씬 더 큰 가치를 느끼기 때문에 기꺼이 그 돈을 지불한다.

제품을 고객의 외적·내적 문제에 대한 해결책이라고 생각한다면 고객이 느끼는 가치를 더 높일 수 있다. 나는 이게 제품의 진짜 가치라고 생각한다.

고객의 내적 문제가 무엇인지 파악하는 데 도움이 되는 브레인스토 밍 기법은 나중에 다시 살펴볼 것이다. 그전에 고객이 경험하는 세 번째 차원의 문제부터 살펴보자. 이 세 번째 차원의 문제는 스토리를 가장 높은 수준으로 끌어올릴 수 있고 무관심한 고객을 브랜드 마니아로 바꿔놓을 수 있는 힘을 갖고 있다.

철학적 문제

스토리 속의 철학적 문제란 스토리 자체보다 더 큰 문제, '왜'에 대한 질문이다. 인류 전체의 서사에서 이 스토리가 왜 중요한가에 대한 이야기다.

코미디 영화 〈크레이지 토미 보이〉에서 토미 보이가 아빠의 회사를 구하는 건 왜 중요할까? 토미 보이를 끌어내리려는 사람들이 거짓말쟁이 도둑놈들이기 때문이다. 이 영화는 기만과 탐욕과 속임수에 대항하는 정직과 가족과 성실에 관한 이야기다. 마찬가지로 햄릿이 죽은 아버지의 복수를 하는 게 왜 중요할까? 왜냐하면 삼촌이 살인을 저지르고도 아무 일 없이 살고 있기 때문이다. 〈브리짓 존스의 일기〉에서 브리짓 존스가 사랑을 찾는 건 왜 중요할까? 왜냐하면 모든 사람의 가치와 아름다움은 다른 사람에 의해 인정받고 소중한 대접을 받아야 하기 때문이다.

철학적 문제를 가장 잘 표현하는 단어는 '해야 한다' 또는 '해서는 안 된다'이다. "나쁜 사람이 승리해서는 안 된다"와 "사람은 공정한 대접을 받아야 한다"처럼 말이다.

영화 〈킹스 스피치〉에서 외적 문제는 조지 6세의 말더듬증이다. 이 외적 문제는 조지 6세가 싸우고 있는 내적 좌절과 자기 의심을 표상한다. 조지 6세는 자신에게 나라를 이끌 능력이 없다고 생각한다. 그러나 철학적으로 보면 여기에는 훨씬 더 큰 문제가 걸려 있다. 조지 6세는 나치에 대항해 반드시 국민을 단결시켜야 한다. 즉, 이 스토리는 선과 악이라는 철학적 문제를 다루고 있는 것이다.

영화 〈제리 맥과이어〉는 '사람은 그가 벌어들이는 돈 이상의 가치가 있는가?'라는 철학적 물음을 품고 있으며, 『로미오와 줄리엣』은 '사랑이 가문의 싸움이나 집단의 동요보다 더 중요한가?'라고 묻고 있다.

더 깊은 의미?

사람은 자신보다 더 큰 스토리의 일부가 되고 싶어 한다. 고객이 더 큰 내러티브 속에서 목소리를 낼 수 있게 해주는 브랜드는 제품에 추가적인 가치를 더한다. 고객에게 더 깊은 '의미'를 느끼게 해주기 때문이다.

우리 회사가 협업한 어느 글로벌 컨설팅 회사는 브랜드 각본을 작성한 후 '모든 사람이 훌륭한 매니저 밑에서 일할 권리가 있다'는 얘기를 하기 시작했다. 우리 회사를 찾아왔던 어느 애완동물 용품점 주인은 쇼윈도에 이런 간판을 내걸었다. "동물도 건강한 음식을 먹을 권리가 있습니다." 재미를 추구하는 어느 여행사는 우리 회사와 작업한 후에 시즌 표어를 "이번 여름은 영원히 기억될 테니까요"로 정했다. 디지털 음악이 대세가 되기 전, 타워레코드의 홍보용 표어는 "음악 없이는 인생도 없다"였다. 이 표어에 힘입어 타워레코드는 매년 십억 달러 이상의 레코드를 팔았을 뿐만 아니라, 수천 장의 범퍼 스티커와 티셔츠까지 팔았다. 음악이 중요하다는 철학적 신념에 팬들이 동조한 덕분이었다.

당신의 브랜드는 어떤가? 더 깊이 있는 어떤 스토리에 기여하고 있는가? 당신의 제품은 고객들이 뭔가 불의에 맞서 싸울 때 쓸 수 있는 툴로 포지셔닝될 수 있는가? 메시지에도 어떤 철학적 의미를 담아야 하는 이유다.

완벽한 브랜드 약속

정말로 고객을 만족시키고 싶다면 단순한 제품이나 서비스보다 훨씬 더 많은 것을 제안할 수 있다. 고객이 브랜드를 찾을 때마다 어떤 외적·내적·철학적 문제를 해결해주겠다고 제안하면 된다.

스토리텔러들은 늘 이 공식을 이용해 관객의 사랑을 받는다. 루크 스카이워커가 데스 스타에 있는 작은 구멍으로 광자 어뢰를 쐈을 때, 루크는 데스 스타를 파괴하는 외적 문제만 해결한 것이 아니라 자신이 제다이가 될 수 있을까 하는 내적 문제와 선과 악이라는 철학적 문제까지 해결했다. 이 모든 게 버튼 하나를 누름으로써 해결된 것이다.

이렇게 세 가지 차원의 문제가 한꺼번에 해결될 때 관객은 기쁨과 함께 안도감을 경험하며 해당 스토리를 열렬히 좋아하게 된다. 이 장면은 종종 '클라이맥스'라고도 하고 '필수 장면'이라고도 하는데, 영화에서 가장 중요한 장면이다. 다른 모든 장면은 어떤 식으로든 이 장면을 위해 조금씩 쌓아가는 과정일 뿐이다.

주인공의 외적·내적·철학적 문제가 해결되면 관객은 울음을 터뜨린다. 영화 〈토이 스토리〉에서 우디와 버즈가 재회할 때, 영화 〈라이언 일병 구하기〉에서 존 밀러 대위가 라이언 일병을 구해낼 때처럼 말이다. 이 공식이 늘 효과가 있는 이유는 인간이 언제나 일상에서 이 세 가지 차원의 문제를 경험하기 때문이다. 인간은 한 가지 차원의 문제 해결만 바라는 것이 아니라 세 가지 차원 모두의 해소를 바란다.

회사를 정말로 성장시키고 싶다면 제품을 외적·내적·철학적 문제에 대한 해결책으로 포지셔닝해야 한다. 스토리의 마무리를 짓기 위해 고객이 '지금 구매하기' 버튼을 누르지 않으면 안 되도록 만들어야 한다. 자신들의 제품 구매를 외적·내적·철학적 문제 해결로 포지셔닝했던 유명 브랜드의 성공 사례를 몇 가지 살펴보자.

테슬라 자동차

악당: 기름 먹는 열등한 기술.

외적 문제: 자동차가 필요하다.

내적 문제: 새로운 기술의 얼리 어답터가 되고 싶다.

철학적 문제: 내가 선택하는 자동차는 환경 보호에 도움이 되어야 한다.

네스프레소 홈 커피 머신

악당: 형편없는 커피를 만드는 커피 머신.

외적 문제: 집에서 더 맛있는 커피를 먹고 싶다.

내적 문제: 집에 있는 커피 머신이 세련된 느낌을 주면 좋겠다.

철학적 문제: 집에서 고급 커피를 마시기 위해 내가 바리스타가 될 필요까지는 없지 않은가.

에드워드 존스Edward Jones 파이낸셜 플래닝

악당: 고객의 말을 귀담아듣지 않는 금융 회사.

외적 문제: 투자 자문이 필요하다.

내적 문제: 방법을 잘 모르겠다. 시중에 나와 있는 설명은 너무 기술 위주다.

철학적 문제: 내 돈을 투자하는데 투자 자문이 나를 직접 만나 상세한 설명 정도는 해줘야 하는 것 아닌가.

나는 고객의 어떤 난관을 도와주고 있는가?

내적·외적·철학적 문제를 야기하는 악당을 찾아낸다고 하면 어마어마한 과제처럼 보일 수도 있다. 하지만 마음먹고 브레인스토밍을 하면 그 악당이 무엇인지 저절로 드러날 것이다. 그런데 유의할 점이 있다. 기업들은 대체로 3명의 악당에 외적 문제 7개, 내적 문제 4개 등을 포함하고 싶어 한다. 그러나 앞서 언급했듯이 스토리는 간단하면서도 분명한 것이 가장 좋다. 선택을 해야 한다.

브랜드가 맞서 싸우고 있는 하나의 악당이 있는가? 그 악당은 어떤 외적 문제를 일으키는가? 그 외적 문제 때문에 고객은 어떤 기분을 느끼는가? 사람들이 이 악당의 손에 놀아나면 안 되는 이유는 무엇인가?

브랜드 각본의 문제 단계에서는 위의 네 가지 질문에 답할 수 있어야 한다. 그래야 브랜드가 이야기하려는 스토리의 모양이 잡힌다. 주인공, 즉 무언가를 원하는 '고객'은 난관에 직면해 있기 때문이다. 고객이 승리할 수 있을까? 고객의 문제가 해결될까? 아마도 그럴 것이다. 중요한 것은 그 과정에서 고객이 여러분의 브랜드를 선택해야 한다는 점이다.

메시지가 분명해야 고객이 귀담아듣는다

- 마이스토리브랜드닷컴을 방문해 브랜드 각본을 작성하거나 기존의 브랜드 각본에 접속하라.
- 혼자서 혹은 팀을 이루어 브레인스토밍을 실시하라. 브랜드가 맞서 싸우는 악당(말 그대로 혹은 비유적으로)에는 누가 있는가?
- 브레인스토밍을 통해 브랜드가 해결하는 외적 문제가 무엇인지 찾아라. 제품을 널리 대표할 수 있는 문제가 있는가?

난관에 직면한다
악당
내적 문제
외적 문제
철학적 문제

- 브레인스토밍을 통해 브랜드와 관련해서 고객이 느끼는 내적 문제(좌절 혹은 의심)가 무엇인지 찾아라. 고객들이 보편적으로 경험하며 눈에 띄는 내적 문제가 있는가?
- 브랜드는 혹시 더 크고 중요한 어떤 스토리의 일부인가? 철학적으로 잘못된 어떤 것에 맞서 싸우고 있는가?
- 브레인스토밍이 끝나면 네 가지 항목에 대한 의사결정을 통해 브랜드 각본의 두 번째 칸을 채워라.

가이드를
만난다

고객은 또 다른 주인공을 찾지 않는다.
고객은 가이드를 찾고 있다.

셰익스피어의 말마따나 한 사람의 인생은 여러 막으로 이루어져 있다. 작가인 나한테는 그런 막들이 '챕터'처럼 보인다. 누구나 인생을 돌아보면 그런 챕터가 있을 것이다. 가난하게 자란 챕터가 있을 테고, 인간 관계의 중요성을 이해하기 시작한 챕터가 있을 것이다. 수학이나 스포츠에 소질이 있다는 사실을 깨달았던 챕터가 있을 테고, 집을 떠나 자립한 챕터가 있을 것이다. 세상에 똑같은 삶을 사는 사람은 없지만, 공통의 챕터들을 갖고 있는 사람은 있다. 모든 인간은 '변화'라는 여정에 올라 있다.

이 챕터들을 알아보기 쉽게 만들어주는 게 바로 '사건들'이다. 작가이자 스토리 학자인 제임스 스콧 벨은 이 사건들을 "되돌릴 수 없는

길"이라고 불렀다.[1] 그 사건은 부모님의 이혼일 수도 있고, 첫사랑일 수도 있으며, 실연일 수도 있고, 고등학교 때 수많은 사람들 앞에서 문 워크를 멋지게 췄던 일일 수도 있다.

스토리에서 사건은 챕터의 시작과 끝을 알린다. 그런데 자세히 들여다보면 그와는 다른 것, 정확히 말하면 다른 '사람'이 보인다. 챕터를 결정짓는 사건들은 종종 우리를 도와주는 신비스러운 캐릭터에 의해 시작되거나 해석된다. 이런 캐릭터를 나는 '가이드'라고 부른다.

크리스토퍼 부커Christopher Booker는 그의 책『7개의 기본적 플롯 The Seven Basic Plots』에서 스토리에 가이드가 등장하는 모습을 다음과 같이 설명한다.

주인공이 어두운 마법에 걸려 살아도 살아 있지 않은 것 같은 처참한 상황에 빠진다. 그것은 육체적, 정신적 감옥일 수도 있고, 잠에 빠지거나 병에 걸리거나 다른 어떤 주술에 걸리는 것일 수도 있다. 주인공은 오랫동안 이런 냉동 상태를 겪는데, 어느 날 기적처럼 구원이 일어난다. 그 초점이 되는 것은 주인공이 감금 상태에서 해방되는 데 도움을 주는 특정 인물이다. 주인공은 깊고 깊은 어둠으로부터 영광스러운 빛 속으로 구제된다.[2]

모든 영웅은 가이드를 찾고 있다

가이드는 어머니나 아버지 같은 인물이다. 또 열심히 노력하는 게 얼마나 중요한지를 알려주었던 축구 코치 같은 사람이다. 이전에 읽고 감동받았던 시를 쓴 작가일 수도 있고, 세상에 새로운 지평을 열었던 리더일 수도 있고, 자신의 문제를 이해할 수 있게 도와준 심리 치료사일 수도 있으며, 난관을 극복할 도구와 용기를 주었던 브랜드일 수도 있다.

만약 스토리 속에서 주인공이 자신의 문제를 스스로 해결한다면 관객은 그 스토리를 외면할 것이다. 문제를 스스로 해결할 수 있다면 애초에 곤란에 빠지지도 않았을 것임을 직관적으로 알고 있기 때문이다. 스토리텔러는 가이드 캐릭터를 이용해서 주인공에게 용기를 주고 승리할 수 있는 여건을 마련해준다. 우리가 읽거나 듣거나 보았던 모든 스토리에 가이드가 있었다. 프로도에게는 간달프가 있었고, 캣니스에게는 헤이미치, 루크 스카이워커에게는 요다가 있었다. 햄릿은 아버지의 유령이 가이드가 되었고, 로미오는 줄리엣에게서 사랑하는 법을 배웠다.

스토리에서와 마찬가지로 인간은 매일 아침 눈을 뜨며 자신을 주인공이라고 생각한다. 내적·외적·철학적 어려움에 처하고, 이 문제들을 스스로 해결할 수는 없다는 사실을 잘 알고 있다. 일부 브랜드, 특히 아직 스스로를 증명해야 한다고 생각하는 신생 브랜드들이 저지르는 치명적인 실수는 자신을 스토리 속에서 가이드가 아닌 주인공으로 설정한다는 점이다. 앞서 말했듯이 스스로를 주인공으로 설정하는 브랜드는 실패할 수밖에 없다.

치명적 실수

회사를 주인공으로 설정했을 때의 파장은 치명적이다. 음악 스트리밍 서비스 타이달Tidal의 실패 사례를 떠올려보자. 이 회사를 한 번도 들어본 적이 없는가? 그럴 만한 이유가 있다. 래퍼 제이지Jay Z가 개인적으로 5,600만 달러라는 거금을 투자해 세운 이 회사는 "모든 사람이 음악을 다시 존중하게 만든다"는 미션을 갖고 있었다.[3] 타이달은 뮤직 스튜디오나 기술 기업이 아닌 뮤지션들이 소유하기로 되어 있었다. 아티스트들이 중개자들 없이 자신들의 제품을 시장에 직접 내놓으면 더 많은 이윤을 챙길 수 있었다.

계획까지는 좋았다. 하지만 제이지는 자신이나 다른 아티스트들을 주인공으로 설정하는 게 큰 실수가 될 줄은 몰랐다. 아티스트들끼리 서로 음악을 구매할 것은 아니지 않은가? 타이달을 출범시키면서 제이지는 유명 뮤지션 16명에게 지분을 대가로 독점 콘텐츠 계약을 체결했다. 그리고 수백만 달러를 쏟아부은 출범식 기자회견장에서 이 아티스트들이 그들의 미션을 설명했다. 여기서부터 모든 게 무너지기 시작했다. 다른 방면에서는 천재성을 발휘하는 제이지가 장구한 스토리의 법칙만 알았더라도 지뢰밭으로 걸어 들어가지는 않았을 것이다.

제이지는 말했다. "물은 공짜죠. 음악은 6달러지만, 아무도 음악에 돈을 지불하고 싶어 하지 않아요." 이어진 제이지의 말은 사람들에게 혼동을 주었다. "수도꼭지에서 나오는 물은 공짜로 먹어야 해요. 아름다운 일이죠. 세상에서 가장 아름다운 음악을 듣고 싶다면 아티스트를 지원해주세요."[4]

소셜 미디어, 특히 트위터는 제이지와 타이달을 맹비난했다. 수천 명의 사람들이 물은 공짜가 아니라고 지적했다. 사람들을 대변하는 것으로 커리어를 쌓았던 아티스트가 하루아침에 특권층처럼 보이기 시작했고, 대중은 백만장자 유명 뮤지션들이 돈을 더 받아보겠다고 죄책감을 자극하는 것에 구역질을 느꼈다. 제이지의 치명적 실수는 한 가지 질문에 답하지 못한 것이다. 스스로를 주인공이라 생각하는 모든 고객의 무의식 속을 떠도는 그 질문, '그래서 너는 내가 승리할 수 있게 어떻게 도와줄 건데?'라는 질문 말이다. 타이달은 아티스트의 승리를 위해 존재했지, 고객의 승리를 위해 존재하는 회사가 아니었다. 그래서 실패했다.

언제나 고객을 주인공으로 설정하라. 브랜드는 가이드다. 예외는 없다. 그렇지 않다면 이미 죽은 브랜드다.

스토리의 주인공은 우리가 아니다

큰 그림을 보면 해답은 간단하다. 회사의 성공을 걱정하느라 밤잠을 설치지 말고, 고객의 성공을 걱정하느라 잠 못 이루는 밤을 보내라. 그러면 회사는 분명히 다시 성장할 것이다.

주인공이 강하고 유능하고 주목받는 대상이기 때문에 회사를 주인공으로 내세우고 싶다면 한 걸음 물러나서 바라볼 필요가 있다. 스토리에서 주인공은 결코 가장 강한 캐릭터가 아니다. 주인공은 가진 것도 없고 자기 의심으로 가득 찬 경우가 많다. 자신에게 그 일을 해낼 능력이 있는지도 잘 모르며, 또한 내키지 않으면서도 스토리 속으로 던

저지는 경우가 많다. 그러나 가이드는 뒷이야기에서 이미 '그 일을 겪어본' 사람이고 주인공이 겪는 난관을 정복해본 사람이다.

스토리에서 가장 큰 권위를 가진 사람은 주인공이 아니라 가이드다. 그래도 스토리의 주인공이 가이드인 경우는 거의 없다. 가이드는 그저 역할 하나를 수행할 뿐이다. 스토리의 초점은 주인공이 되어야 한다. 스토리텔러나 기업 리더가 이 점을 잊어버린다면 관객은 스토리의 중심이 누구인지 헷갈릴 테고 흥미를 잃을 것이다. 이 점은 사업에서도, 정치에서도, 심지어 가족 내에서도 마찬가지다. 사람들은 자신 이외의 또 다른 주인공을 찾는 게 아니라, 자신을 도와줄 가이드를 찾는다.

결말에서 최종적으로 승리하는 사람은, 삶이라는 대서사가 자신에 관한 이야기가 아니라 주위 사람에 관한 이야기임을 깨닫는 사람이다. 언뜻 보기에 말이 안 되는 소리 같지만 사실이다. 실제로 인생이라는 스토리가 모두 자신을 중심으로 펼쳐진다고 생각하는 리더는 일시적으로는 성공할지 몰라도 역사의 내러티브에서는 악당으로 기억되기 마련이다.

가이드의 두 가지 특징

스스로를 가이드로 설정한 이후 고객이 증가하기 시작한 사례는 수없이 많다. 스토리브랜드 공식을 통해 메시지를 필터링해본 기업 리더들은 과거 자신들의 웹사이트, 이메일, 인터넷 광고, TV 광고, 심지어 브리핑까지도 방향이 잘못되었다는 사실을 깨닫는다. 초점을 고객으로 옮기고, 의미 있는 스토리 속에서 고객에게 주인공 역할을 제안하는 것만으로도 사업을 운영하고 이야기하는 방식이 근본적으로 바뀔 수 있다.

그렇다면 어떻게 해야 고객이 삶에서 우리를 가이드로 인식해줄까? 그러기 위해서는 고객에게 다음의 두 가지를 알려줘야 한다.

공감

권위

루크 스카이워커에게 요다는 완벽한 가이드다. 요다는 사랑스러운 캐릭터이면서 루크의 딜레마를 이해하고 공감할 뿐만 아니라, 포스를 사용하도록 루크를 가르친다. 물론 요다 자신이 제다이로서의 권위가 없었다면 그런 공감도 아무런 소용이 없었을 것이다. 요다는 루크의 딜레마를 이해하는 사람이고, 승리하기 위해 루크가 개발해야 할 기술들을 이미 마스터한 사람이다.

공감과 권위라는 정확한 원투 펀치를 갖고 있어야만 가이드는 주인공과 함께 스토리를 이끌어나갈 수 있다. 주인공은 그 두 가지 특징들을 감지하는 순간 가이드를 찾아냈다는 사실을 알아본다.

공감을 표현하라

1992년 빌 클린턴은 "고통이 느껴집니다"라는 유명한 말을 했다.

이 한 마디로 그는 조지 H. W. 부시를 누르고 대통령에 당선됐을 뿐 아니라 미국 유권자들의 스토리에서 가이드로 설정됐다. 가이드는 늘 주인공의 고통과 좌절을 이해하며 그 사실을 주인공에게 표현한다. 실제로 많은 정치 전문가들은 클린턴이 승기를 굳힌 게 유권자 토론회 때라고 생각한다. 해당 토론회에서 젊은 여성 유권자 한 명이 국가 부채가 일반 사람들에게 어떤 의미인지 물었다. 부시는 횡설수설하면서 사무적인 답을 내놓았다. 반면에 클린턴은 질문자에게 주위에 직장을 잃은 사람이 있느냐고 물었다. 실직한 친구들을 보면 가슴이 아프지 않냐고 물었고 질문자가 그렇다고 답하자 클린턴은 국가 부채가 질문자나 그녀의 친구를 비롯한 모든 미국인의 행복과 직결된다는 사실을 설명했다.[5] 이것이 바로 공감이다.

고객의 딜레마에 공감하면 튼튼한 신뢰관계가 생긴다. 사람들은 자신을 이해해주는 사람을 신뢰하며, 자신을 이해하는 브랜드를 믿는다.

오프라 윈프리가 수백만 명을 성공적으로 이끌어준 가이드였다는 사실은 아무도 부인하지 못할 것이다. 오프라 윈프리는 인간이라면 누구나 세 가지를 가장 원한다고 했다. 그 세 가지란 누군가 나를 보아주고, 내 말을 들어주고, 나를 이해해주는 것이다. 이게 바로 공감이다.

공감적 표현은 보통 "……라니 어떤 기분일지 저희도 압니다"라든가 "그런 일은 절대로 없어야죠"라든가 혹은 "고객님과 마찬가지로 저희도……" 등으로 시작한다. 예컨대 도요타는 구매자들에게 서비스 센터에 한번 들러달라는 광고를 하면서 이렇게 말했다. "우리도 당신의 도요타를 아낍니다."

공감을 표현하는 것은 어렵지 않다. 일단 고객의 내적 문제가 뭔지 찾아낸 다음, 그 점을 이해하고 해결책을 찾을 수 있도록 돕고 싶다고 알리기만 하면 된다. 마케팅 자료를 한번 훑어보라. 고객에게 관심이 있다는 사실을 충분히 이야기했는가? 말해주지 않으면 고객은 알 수 없다.

나와 같나요?

그러나 공감이란 단순히 감성적인 슬로건이 아니다. 진정한 공감은 우리가 나 자신을 바라보듯 고객을 바라보고 있다는 사실을 고객에게 알리는 일이다. 고객은 뭔가 자신과 공통점이 있는 브랜드를 찾는다. 기억하라. 인간의 뇌는 칼로리를 절약하고 싶어 한다. 따라서 고객이 느끼기에 어느 브랜드가 자신과 공통점이 많다면, 드러나지 않는 부분에 대해서는 그저 신뢰로 채울 것이다. 고객은 묶어서 생각한다. 즉 꼼꼼히 생각하는 게 아니라 뭉텅뭉텅 생각한다. 음악 취향이 되었든, 공유하는 가치관이 되었든, 공통점이라는 것은 강력한 마케팅 툴이다.

최근 디스커버 카드Discover Card의 TV 광고 중에 공감을 활용한 것이 있었다. 고객 센터로 전화를 걸었는데 결국은 자기와 똑같이 생긴 사람과 대화를 나누게 되는 내용이었다. 메시지가 뭘까? "디스커버 카드는 여러분 자신만큼 여러분을 소중히 대합니다"였다.

권위를 보여줘라

아는 체하는 사람을 좋아하는 사람은 없다. 설교 듣는 걸 좋아하는 사람도 없다. 대중 앞에서 본인들의 전문지식을 자랑스레 떠벌리는 브랜드는 사람들에게 관심을 끄라고 말하는 것이나 마찬가지다. 그래서 권위를 전혀 표현하지 말라고 조언하는 마케팅 전문가들도 많다. 사람들이 원하는 브랜드는 어깨동무를 하고 함께 걸어가는 브랜드라면서 말이다. 하지만 꼭 그런 것만은 아니다.

이번에야말로 살을 빼보겠다는 결연한 마음으로 난생 처음 영양사 사무실을 찾았다고 상상해보자.

"15킬로그램을 감량하고 싶은데요. 오랫동안 쉽지 않았지만, 이번에는 마음의 준비가 됐어요."

그런데 그때 영양사가 당신을 빤히 보며 "저도요!"라고 말한다면? 이내 영양사를 잘못 골랐다는 사실을 깨달을 것이다.

여기서 얘기하는 '권위'란 '능력'을 말한다. 가이드를 찾고 있는 주인공은 해당 문제를 잘 아는 사람을 신뢰한다. 가이드가 완벽할 필요는 없지만, 주인공의 승리를 도와주려면 제대로 된 경험이 있는 사람이어야 한다. 그렇다면 주인공의 역할을 침범할 만큼 너무 떠벌리지는 않으면서도 권위를 표현할 수 있는 방법이 뭘까?

고객은 자신을 도와줄 능력이 있는 사람인지 확인할 수 있는 체크리스트를 이미 가지고 있다. 그래서 웹사이트나 광고, 이메일을 볼 때 고객이 원하는 것은 단순히 그 리스트에 있는 사항들을 확인하는 일이다. 마케팅을 할 때 딱 알맞은 만큼의 권위를 더할 수 있는 쉬운 방법이 4가지가 있다.

1. **증언:** 하고 싶은 말을 다른 사람이 대신하게 하라. 만족한 고객이 있다면 웹사이트에 몇 마디 증언을 실어라. 증언이 있으면 고객은 자신이 처음이 아니라고 안심할 수 있으며, 남들이 이미 이 브랜드를 사용한 뒤 성공했다는 사실을 알 수 있다. 10개가 넘는 증언을 쌓아놓지는 마라. 그랬다가는 자칫 브랜드가 주인공이 되어버릴 우려가 있다. 처음에는 3개 정도가 좋다. 그 정도면 대부분의 고객이 브랜드의 능력을 확인할 수 있을 것이다. 끊임없이 칭찬만 늘어놓는 횡설수설한 증언도 피하라. 고객이 브랜드를 신뢰하는 데는 긴 시간이 걸리지 않는다. 그러니 증언은 짧게 만들어라.

2. **통계:** 당신의 도움으로 만족한 고객이 얼마나 되는가? 당신 덕분에 고객이 돈을 얼마나 절약했는가? 함께 작업하면서 고객사의 사업은 몇 퍼센트나 성장했는가? 이메일 마케팅 플랫폼 인퓨전소프트Infusionsoft는 "12만 5,000명의 고객이 대회 수상작인 저희의 자동화 소프트웨어를 신뢰합니다"라고 말한다.[6] 이 정도 간단한 진술이면 충분하다. 게다가 이렇게 하면 숫자나 통계, 팩트를 좋아하는 고객들의 가려운 부분을 긁어줄 수 있다.

3. **수상 이력:** 수상 이력이 있다면 웹페이지 하단에 작은 로고나 수상 사실을 알 수 있는 표시를 하라. 다시 한 번 말하지만, 호들갑을 떨 필요는 없다. 그렇지만 수상 사실은 고객의 신뢰를 크게 증

진시켜준다. 심지어 듣도 보도 못한 상이라고 하더라도 말이다.

4. **로고:** B2B 제품이나 B2B 서비스를 제공하는 회사라면 협업했던 유명 기업들의 로고를 마케팅 자료에 표시하라. 고객은 당신의 브랜드가 다른 회사의 똑같은 난관도 극복해주었는지 알고 싶어 한다. 고객이 아는 기업과 협업했다면 이 브랜드에 능력이 있다는 일종의 사회적 증거가 된다.

잠시 짬을 내어 마케팅 자료를 훑어보라. 능력을 제대로 보여주고 있는가? 기억하라. 떠벌릴 필요는 없다. 증언, 로고, 수상 이력, 통계가 있다면 고객들은 마음 한구석의 '신뢰' 칸을 체크하고 넘어갈 것이다. 고객들이 품고 있는 의문은 이런 것들이다. '이 브랜드가 뭘 좀 제대로 아나? 내 시간과 돈을 투자할 가치가 있을까? 정말로 내 문제를 해결하게 도와줄 수 있을까?'

훌륭한 첫인상 남기기

브랜드를 만나는 과정은 사람을 만나는 것과 같다. 고객은 이 브랜드가 나와 잘 어울릴지, 내 삶에 도움이 될지, 내 정체성과 합이 맞을지, 그래서 궁극적으로 신뢰해도 될지 알고 싶어 한다.

하버드 비즈니스 스쿨의 에이미 커디Amy Cuddy 교수는 기업 리더들이 어떻게 긍정적인 첫인상을 남기는가에 대해 15년 이상을 연구해왔다. 커디 교수는 자신의 연구 결과를 질문 두 개로 요약한다. 이 두 가지 질문은 사람들이 낯선 사람을 처음 만났을 때 무의식적으로 묻는 질문과도 같다. 바로 "이 사람을 믿어도 될까?"와 "이 사람을 존중할 수 있을까?"이다. 커디 교수는 『프레즌스』에서 인간이 신뢰를 얼마나 중시하는지 설명했다. 사람들은 오직 신뢰가 구축된 후에만 누군가에 관해 더 많이 알아보려고 한다.[7]

공감을 표현하면 커디의 첫 번째 질문, "이 사람을 믿어도 될까?"라는 질문에 답하는 과정을 돕게 된다. 능력을 보여주면 고객들이 두 번째 질문 "이 사람을 존중할 수 있을까?"에 답하기도 수월해질 것이다.

칵테일파티에서 사람들에게 훌륭한 첫인상을 남기는 방법과 똑같은 방법으로 우리는 고객들에게 훌륭한 첫인상을 남길 수 있다. 공감을 표현하고 권위를 보여주면 브랜드를 고객이 찾아 헤매던 가이드로 포지셔닝할 수 있다. 이를 통해 고객은 우리 브랜드를 훨씬 더 잘 기억하고 이해하며 궁극적으로 우리 제품과 서비스를 구매할 것이다.

그런데 고객이 우리를 좋아하고 신뢰한다고 하더라도 곧장 주문을 하는 것은 아니다. 고객이 애정을 갖는 것과 자신이 힘들여 번 돈을 브랜드에 투자하는 것 사이에는 어마어마한 간극이 있다. 고객이 그다음으로 찾는 게 뭘까? 이 부분은 다음 단계에서 알아볼 것이다.

다만 여기서는 어떻게 공감을 표현하고 권위를 보여줌으로써 우리 브랜드를 고객의 삶에 가이드로 설정할 수 있을지, 브레인스토밍을 통해 방법을 찾아보자.

- 마이스토리브랜드닷컴을 방문해 브랜드 각본을 만들거나 기존의 브랜드 각본에 접속하라.
- 혼자서 혹은 팀을 이루어 브레인스토밍을 실시하라. 고객의 내적 문제에 관심이 있음을 알릴 수 있는 공감적 표현에는 어떤 게 있을까?
- 브레인스토밍을 통해 능력과 권위를 보여줄 수 있는 많은 방법들을 찾아내라. 고객의 증언, 통계, 수상 이력, 협업했던 회사들의 로고 등을 찾아보라.

  가이드를 만난다

  공감
  _____
  _____

  권위
  _____
  _____

- 브레인스토밍이 끝나면 의사결정을 통해 브랜드 각본의 세 번째 단계를 채워라.

4단계

계획을
제시한다

고객은 계획을 가진 가이드를 신뢰한다.

지금까지 고객이 원하는 게 무엇인지 알아냈다. 그것이 스토리의 시작이었다. 다음으로 우리는 고객의 문제를 정의했고, 그러자 고객은 우리가 자신의 난관을 극복하게 도와줄 수 있을지 궁금해 했다. 그때 우리는 공감을 표현하고 권위를 보여줌으로써 우리 자신을 가이드로 소개했고, 그게 신뢰를 구축했다. 하지만 이 모든 것에도 불구하고 아직 고객은 주문을 넣진 않을 것이다. 뭔가 빠진 게 있기 때문이다.

고객은 이미 우리와 관계를 맺고 있다. 그러나 '구매'는 일반적 관계에서 나오는 게 아니다. 구매에는 확고한 결심이 필요하다. 주문을 넣을 때 고객은 이렇게 말하고 있는 것이나 다름없다. '내가 문제를 해결하도록 당신이 도와줄 수 있다고 믿어요. 정말로 확고하게 믿기 때문

에 기꺼이 투자를 하겠어요. 내가 힘들여 번 돈을 내놓겠어요.'

고객에게 결심은 위험 부담이 있다. 결심하는 순간 무언가를 잃을 수도 있기 때문이다. 대부분의 고객은 아직 이런 위험을 부담하지 않으려 한다. 무언가를 구매할지 결정하려는 고객은 세찬 개울 앞에 서 있다고 보면 된다. 고객은 개울 건너편에 있는 무언가를 원하고 있다. 하지만 거기 서 있으면 저 아래 폭포 소리가 들린다. 개울에 발이 빠지면 어떻게 하지? 저 폭포 너머의 삶은 어떤 걸까? 바로 이런 것이 고객이 '지금 구매하기' 버튼을 누르기 전에 무의식적으로 고민하는 문제들이다. '효과가 없으면 어떻게 하지? 이걸 산 내가 바보가 되면 어떻게 하지?

고객의 걱정을 덜어주려면 그 개울 한가운데에 커다란 징검다리를 놓아줘야 한다. 딛고 건널 수 있는 그 징검다리가 뭔지 알아내면 고객이 느끼는 위험의 상당 부분을 제거할 수 있고, 거래하는 것을 한결 편안하게 느끼게 만들 수 있다. 마치 이렇게 말하는 것처럼 말이다. "먼저 여기를 디디세요. 봐요, 어렵지 않죠? 다음은 여기, 다음은 여기. 그러면 벌써 반대편이에요. 문제가 해결됐죠."

스토리브랜드 공식에서는 징검다리가 되어주는 이 돌들을 '계획'이라고 부른다. 영화 〈머니볼〉에서 가이드인 피터 브랜드는 빌리 빈에게 야구팀을 쇄신할 계획을 제시한다. 일련의 단계를 통해 빌리는 시대에 뒤떨어진 코치진의 엉뚱한 목격담이 아니라 알고리즘을 이용해 선수를 기용할 것이다. 빌리는 숫자를 신뢰하게 될 것이고, 헤지펀드 매니저가 펀드를 운영하듯 팀을 운영하게 될 것이다.

거의 모든 영화에서 가이드는 주인공에게 계획을 제시한다. 주인공
은 이 계획이라는 다리를 건너야만 클라이맥스 신에 도달할 수 있다.
로키는 비전통적인 방식의 훈련을 해야 했고, 토미 보이는 전국 판매
여행에 나서야 했고, 줄리엣은 가족들이 자신을 죽은 것으로 생각해
로미오와 함께할 수 있도록 약제상이 준 독을 삼켜야 했다.

계획은 스토리의 초점을 더 명확히 하고, 주인공에게 난관을 해결할
'희망의 길'을 열어준다.

계획은 스토리를 명확하게 만든다

계획에는 여러 형태와 모습이 있을 수 있다. 하지만 효과적인 계획
은 거래하는 법을 분명히 알려주는 역할을 하거나 제품이나 서비스에
투자를 고려할 때 느끼는 위험 부담을 제거해주는 역할을 한다.

"헷갈리면 이미 진 것이다"라는 말을 기억할 것이다. 계획이 없는 것
이야말로 고객을 헷갈리게 만드는 확실한 방법이다. 기조연설을 듣거
나 웹페이지를 방문하거나 이메일 광고를 읽고 나면 고객들은 똑같은
의문을 가진다. '그래서 나더러 지금 뭘 어쩌라고?' 이때 안내를 하지
않는다면 고객은 혼란을 겪을 것이다. 그리고 저 아래에서 폭포 소리가
들리고 있기 때문에 그 혼란을 핑계 삼아 거래를 하지 않을 것이다.

주문해주기를 바란다는 사실은 고객에게 동기가 될 수 없다. 만약
창고에 설치할 수 있는 수납 시설을 판매하고 있다면 고객은 '지금 구
매하기'를 누르기 전에 무의식적으로 고민할 것이다. 과연 수납이 잘

될까? 설치가 어렵지는 않을까? 지난번에 샀던 물건처럼 창고에 처박히는 신세가 되지는 않을까? 하지만 간단한 3단계만 거치면 바로 쓸 수 있다는 사실을 알려준다면 고객이 주문할 가능성은 더 늘어난다.

우리는 고객에게 다음과 같이 하라고 말해줘야 한다.

1. 설치할 공간의 크기를 재라.
2. 그 크기에 맞는 제품을 주문하라.
3. 간단한 도구를 사용해 몇 분 안에 설치를 끝내라.

지극히 당연한 단계들처럼 보이더라도 고객에게는 그렇지 않을 수 있다. 징검다리를 놓아주면 고객은 개울을 건널 가능성이 훨씬 더 커진다.

과정 계획

고객이 거래를 하도록 효과적으로 격려할 수 있는 계획에는 두 가지가 있다. 그 첫 번째는 우리 회사가 모든 의뢰인에게 추천하는 '과정 계획'이다. 과정 계획은 고객이 우리 제품을 구매하기 위해 필요한 단계, 또는 고객이 우리 제품을 구매한 이후 제품을 사용하기 위해 필요한 단계이며 때로는 이 둘이 합쳐질 때도 있다.

예컨대 고가의 제품을 판매한다면 다음과 같이 단계를 나눌 수 있다.

1. 약속을 잡는다.
2. 우리 회사가 맞춤식 계획을 수립한다.
3. 계획을 함께 실행한다.

판매하는 게 금융 상품이든, 의료 시술이든, 대학 교육이든, 기타 복잡한 어떤 솔루션이든 과정 계획은 고객의 여정에서 혼란을 제거하고 그다음 단계를 알려준다.

지금까지는 고객이 구매를 결정하도록 개울에 징검다리를 놓는 방법에 관해 이야기했다. 그런데 또 다른 종류의 과정 계획이 있다. 바로 '구매 후' 과정 계획이다. 구매 후 과정 계획을 가장 잘 활용할 수 있는 경우는 고객이 제품을 구매한 후 어떻게 사용해야 할지 상상하는 데 어려움이 있는 경우다. 예를 들어 복잡한 소프트웨어라면 구매 후의 단계를 일일이 설명하고 고객이 경험하게 될 측면들까지 자세히 알려주는 편이 좋다.

1. 소프트웨어를 다운로드한다.
2. 고객의 데이터베이스를 우리 시스템에 통합한다.
3. 고객 소통 방식을 혁신한다.

구매 후 과정 계획은 혼란을 줄인다는 측면에서 구매 전 과정 계획과 같은 역할을 한다. 복잡한 제품을 구매해서 적응하는 과정이 길어질 것 같으면 고객은 구매를 결정할 가능성이 낮아진다. 하지만 브랜드가 세운 계획을 읽어보고 나면 '아, 저 정도는 별로 어렵지 않게 할 수 있지'라고 생각하면서 '지금 구매하기' 버튼을 누를 것이다.

과정 계획은 다음과 같이 구매 전 단계와 구매 후 단계의 결합으로 이뤄질 수도 있다.

1. 자동차를 시운전한다.
2. 해당 차를 구매한다.
3. 평생 무상 보증을 즐긴다.

다시 한 번 말하지만 그 어떤 계획이라도 성공하기 위해서는 고객의 혼란을 줄여줘야 한다. 거래를 하려면 고객은 어떤 단계를 밟아야 하는지 그 단계를 상세히 설명하라. 들판 한가운데에 길을 내듯이 말이다. 그럼 더 많은 사람들이 들판을 건너갈 것이다.

과정 계획에는 몇 단계가 필요하냐는 질문을 자주 받는다. 적어도 3단계, 많아도 6단계 이하로 만들어라. 거래를 하는 데 6단계 이상이 필요하다면 그 단계들을 여러 국면으로 나눠 각 국면을 설명하라. 고객에게 20단계, 30단계를 안내할 수도 있다. 하지만 연구에 따르면 고객에게 너무 많은 정보를 쏟아부을 경우 오히려 판매가 감소한다.

계획을 만드는 목적 자체가 고객의 혼란을 줄이기 위한 것임을 기억하라. 단계가 4개 이상이면 실제로는 혼란을 줄이기는커녕 가중시킬 수 있다. 핵심은 고객의 여정을 단순화시켜서 거래를 하게 만드는 것이다.

약속 계획

과정 계획이 고객의 혼란을 줄이기 위한 것이라면, 약속 계획은 고객의 두려움을 줄이기 위한 것이다. 거래하는 두려움을 극복할 수 있게 고객과 맺는 일련의 약속이라고 할 수 있다.

앞서 카맥스가 중고차 딜러를 상대해야 하는 고객의 불안을 어떻게 해결해주었는지 이야기했다. 고객이 이런 내적 공포를 마주칠 일이 없다는 사실을 제대로 알리기 위해 카맥스가 사용한 툴 하나가 바로 약속 계획이다. 4가지로 된 카맥스의 약속 중에는 고객이 결코 흥정을 할 필요가 없다는 내용도 있다. 물건을 속아서 살까봐 두려운가? 카맥스는 기준에 미달하는 자동차는 판매하지 않는다고 공언한다. 그리고 모든 차에 리뉴얼 과정을 도입해서 품질 확인 도장을 받게 한다.[1]

지금 카맥스는 경쟁사 세 곳을 합한 것보다도 더 많은 자동차를 판매한다. 2015년 〈오토모티브 뉴스Automotive News〉는 카맥스를 중고차 시장의 승자로 선정했다.[2] 앞서 얘기한 것처럼 카맥스는 고객의 외적 문제, 즉 중고차가 필요하다는 사항에 대한 해결책은 거의 광고하지 않는다. 대신에 고객의 내적 문제, 즉 중고차 딜러를 상대해야 하는 두려움에 초점을 맞추고 약속 계획을 통해 이 두려움을 누그러뜨린다.

약속 계획은 브랜드가 제공하겠다고 약속한 서비스에 대해 고객이 느끼는 가치를 높이기도 한다. 예컨대 뉴트 깅그리치가 발표한 '미국과의 계약'도 이런 약속 계획의 일종이다. 깅그리치는 조지아주 출신의 비교적 알려지지 않은 의원이었으나 유권자들과의 약속을 통해 미국의 양원 모두를 장악하는 데 성공한다. 깅그리치는 보수당의 오래된 주장들을 하나의 리스트로 만들고 "우리에게 표를 준다면 이 모두를 이행하겠다"고 말했을 뿐이다. 이 문서에는 결국 300명이 넘는 보수 의원들이 서명했고 깅그리치는 하루아침에 대권주자로 부상했다.

약속 계획이 가진 또 하나의 이점은 고객과 우리가 공유하는 가치를 좀 더 분명히 할 수 있다는 점이다. 홀푸드가 내세운 가치들은 수백만 명을 그들의 매장으로 이끌었다. 이 가치들은 사회적으로나 환경적으로 책임 있는 방식으로 고객에게 식품을 조달하겠다는 홀푸드의 약속 역할도 한다.

과정 계획과는 달리 약속 계획은 배후에서 작용하는 경우가 많다. 약속 계획을 반드시 웹사이트에 게재할 필요는 없다. 하지만 고객은 브랜드를 알아가면서 서비스를 더 깊이 이해하게 될 테고 약속 계획을 보면서 그 이유를 깨달을지도 모른다. 약속 계획에 이르는 최선의 방법은 제품이나 서비스와 관련해 고객이 걱정할 만한 사항을 빠짐없이 적어보는 것이다. 그런 다음 고객의 두려움을 완화할 수 있는 약속들을 하나씩 다시 목록으로 만들면 된다. 이 약속들은 짧으면 더 좋다. 약속들은 사무실 벽에 붙여놓거나 포장지 혹은 쇼핑백에 써넣을 수도 있다.

계획에 이름붙이기

과정 계획이나 약속 계획을 만든 후에는 제품이나 서비스에 대해 고객이 느끼는 가치를 높일 수 있게 이름을 붙여보라. 예컨대 과정 계획이라면 '쉬운 설치 계획'이라든가 '세계 최고의 수면 계획'처럼 말이다. 약속 계획이라면 '고객 만족 약속'이나 '우리의 품질 보장' 같은 이름을 붙일 수 있을 것이다. 계획에 이름을 붙이면 고객의 마음에 각인되고 브랜드가 제공하는 가치가 더 높아질 것이다.

고객에게 계획을 제시했으니 이제 고객은 우리 브랜드와 거래할 가능성이 훨씬 커졌다. 안개가 걷히면서 모든 게 더 분명해졌고 개울에 징검다리도 놓였으니 고객들은 여정을 계속할 준비가 됐다. 그러나 고객이 결심을 하기 위해서는 한 가지가 더 필요하다. 우리가 행동을 촉구해야 한다. 고객에게 행동을 촉구하는 올바른 방법에 대해서는 다음 장에서 설명할 것이다.

그전에 먼저 고객들의 두려움과 걱정을 덜어줄 수 있는 계획들을 명확히 정리해보자.

──────── 메시지가 분명해야 고객이 귀담아듣는다 ────────

- 마이스토리브랜드닷컴을 방문해 브랜드 각본을 만들거나 기존의 브랜드 각본에 접속하라.
- 혼자서 혹은 팀을 이루어 브레인스토밍을 실시하라. 고객이 거래하기 위해서 밟아야 할 간단한 단계(구매 전후 과정 계획 또는 그 둘의 결합)들은 무엇인가?
- 업계와 관련해 고객이 가진 두려움은 무엇인가? 어떤 약속을 하

면 그런 두려움이 완화될 수 있을까? 브랜드 각본의 메모 칸을 활

용해 약속 계획을 적어보라. 그리

고 계획 칸을 이용해 계획의 이름

을 적어보라.

- 고객과 특별한 가치를 공유하고 있

  는가? 약속 계획에 그 가치들을 나

  열할 수 있는가?

- 브랜드 각본에 과정 계획의 이름과

  단계를 적어라. 약속 계획을 만든다

  면 브랜드 각본의 메모 칸을 활용해

  고객에게 할 약속을 기록하라.

계획을 제시한다

과정 계획

_____

_____

_____

_____

약속 계획

_____

_____

_____

_____

_____

5단계

행동을
촉구한다

행동하라고 자극하지 않으면
고객은 행동에 나서지 않는다.

이쯤 왔으면 고객은 살짝 흥분 상태일 것이다. 고객의 열망이 무엇인
지 정의했고, 고객의 난관이 뭔지도 알아냈으며, 고객이 느끼는 감정
에 공감했다. 고객을 도울 능력이 된다는 점을 표현했고 계획도 제시
했다. 그러나 아직도 한 가지를 더 해야 한다. 고객의 행동을 촉구해야
한다(고객의 행동을 촉구하는 것을 마케팅에서는 특별히 CTA, 즉 콜 투 액션
Call To Action이라고 부르기도 한다─옮긴이).

주문하라고 얘기하라

어느 스토리를 보아도 캐릭터가 스스로 행동을 취하는 경우는 없

다. 캐릭터는 자극을 받아야만 행동을 취한다. 영화 〈레인 맨〉에서 톰 크루즈가 연기한 캐릭터는 아버지가 죽었다는 전화를 받지 않았다면 결코 형을 데리러 가지 않았을 것이다. 로미오는 줄리엣에 대한 사랑으로 상사병에 걸리지 않았다면 캐플렛가의 안마당을 기어오르지 않았을 것이다. 영화 〈금발이 너무해〉에서 엘 우즈는 남자친구에게 차이지 않았다면 하버드에 지원하지 않았을 것이다. 영화 〈테이큰〉에서 리암 니슨의 캐릭터는 딸이 납치를 당하지 않았다면 나쁜 놈들을 쫓아 유럽까지 가지 않았을 것이다.

캐릭터가 자극을 받아야만 행동을 취하는 이유는, 인간은 꼭 그래야만 하는 이유가 생기지 않는 이상 인생의 중대 결정을 내리지 않기 때문이다. 만일 에베레스트 산에 오르고 싶어 하는 남자 주인공이 어느 날 문득 거울을 보다가 산에 오르기로 결심한다면 관객은 실망할 것이다. 사람들은 그런 식으로 움직이지 않는다. 쉬고 있는 사람은 계속 쉬려고만 한다. 고객도 마찬가지다. 주인공에게는 외부의 힘에 의한 자극이 필요하다.

심야 홈쇼핑 호스트들이 왜 좀비라도 깨우려는 사람처럼 끝도 없이 "지금 전화하세요! 미루지 마세요!"라고 외치는지 아는가? 호스트들은 정말로 좀비 상태에 있는 사람들을 깨우려는 중이기 때문이다!

고객은 하루 3,000건 이상의 광고 메시지 폭격을 받는다. 과감하게 행동하라고 촉구하지 않는다면 고객은 우리 브랜드를 무시할 것이다. 행동을 촉구하는 표현이 너무 부드럽다면 고객은 눈치도 채지 못할 것이다.

'지금 구매하기' 버튼의 힘

내 친구 중에 거의 100개에 가까운 회사를 사고판 사람이 있다. 그 친구가 회사를 볼 때 꼭 살피는 요소가 있다. 그 회사가 고객이 주문을 넣도록 자극하느냐의 여부다. 그는 회사를 키우는 가장 빠른 방법은 분명하게 행동을 촉구하는 일, 그리고 그것을 반복하는 일임을 잘 알고 있다. 친구는 회사를 구입한 뒤 고객의 행동을 더 강하게 촉구한 다음 매출이 증가하면 회사를 팔아서 수백만 달러를 벌었다.

회사가 성공하는 데 가장 큰 장애물 중 하나는 고객이 회사의 마음을 읽을 수 있다고 지레짐작하는 것이다. '우리가 고객이 주문하기를 바라는 건 너무나 당연한 일 아냐? 그렇지 않으면 왜 고객에게 우리 제품에 대한 얘기를 하고 있겠어?' 하지만 그렇지 않다.

브랜드의 웹사이트 우측 상단 꼭대기에는 '지금 구매하기' 버튼이 있어야 한다. 이런저런 버튼으로 그 주변을 어수선하게 만들어서는 안 된다. 똑같은 행동 촉구가 스크롤을 내리기 전 첫 화면에서도 있어야 하고, 웹사이트의 한가운데는 물론 스크롤을 내릴 때마다 반복되어야 한다.

사람들에게는 초능력이 없다. 그들은 우리 마음을 읽지 못하기 때문에, 우리가 뭘 원하는지도 모른다. 그게 아무리 뻔해 보인다고 하더라도 말이다. 고객에게 함께 여정을 떠나자고 분명하게 초청하지 않는다면, 고객은 절대 브랜드를 따라나서지 않는다.

고객들에게 계속해서 행동하라는 말만 대놓고 퍼붓고 싶지는 않은 게 사실이다. 하지만 수천 곳의 의뢰인들과 함께 일하면서 지나치게 판매를 강조하는 사람은 한 번도 보지 못했다. 대부분의 사람들은 자신이 지나치게 판매를 외치고 있다고 생각하지만, 실제로는 그들이 행동을 촉구하는 목소리는 속삭이는 소리보다 더 약하다.

우리 제품을 믿는가?

무언가를 팔면서 소극적인 태도를 취하면 제품에 대한 신념이 부족하다는 인상을 준다. 분명하게 사달라고 말하지 않으면 고객은 뭔가 약하다고 느끼고, 이 브랜드가 그들의 삶을 바꿔주는 게 아니라 기부를 요청하고 있다고 느낀다. 고객이 찾고 있는 것은 의구심으로 가득 찬 브랜드가 아니다. 고객은 확언을 원한다. 자신의 문제에 대해 확실한 해결책을 가진 브랜드를 찾는다.

우리가 고객의 스토리를 더 좋게 바꿀 수 있다면 고객에게 거래하자고 과감하게 초청하지 못할 이유가 무엇인가? 영화 속 가이드는 주인공에게 원하는 바를 대놓고 말해야 한다. 그렇지 않으면 플롯은 엉망이 되고 관객은 딴생각을 시작할 것이다.

행동을 촉구하는 두 가지 방법

스토리브랜드에서 추천하는 행동 촉구법이 두 가지 있다. '직접적 행동 촉구'와 '전환적 행동 촉구'. 이 둘은 하나의 관계를 바라보는 두 가지 측면과 같다.

어느 고객에게 구매를 요청했는데 구입하지 않았다고 생각해보자. 이유가 뭔지는 아무도 모른다. 심지어 고객조차 모른다. 그런데 고객이 지금 준비가 되지 않았다고 해서 그 관계를 완전히 끝내버릴 이유는 없다. 준비가 되지 않은 사람들을 존중해야 한다. 강압적 판매를 지지하진 않는다. 그렇지만 더 깊은 관계를 만들어서 고객이 우리가 판매하는 것을 필요로 하게 됐을 때 언제든 우리 브랜드를 기억한다면 그것은 좋은 일이다. 그렇게 깊은 관계를 만드는 방법이 바로 전환적 행동 촉구다.

직접적 행동 촉구에는 '지금 구매하기'나 '약속 잡기', '오늘 전화하기' 등의 요청이 포함된다. 즉 판매로 이어지게 만들거나 적어도 판매로 이어진 길로 한발 내딛게 하는 것을 의미한다. 반면에 전환적 행동 촉구는 위험 부담이 덜하면서 고객에게 무언가를 무료로 제공한다. 주로 고객을 최종 구매로 가는 진입로에 올릴 때 사용된다. 웹 세미나를 열거나 PDF를 다운로드 받게 하는 것은 전환적 행동 촉구의 좋은 예다. 연애에 비유하자면 전환적 행동 촉구는 고객에게 "데이트 할래요?"라고 말하는 것이고, 직접적 행동 촉구는 "나랑 결혼할래요?"라고 말하는 것이다. 마케팅 자료에는 늘 직접적 행동 촉구와 전환적 행동 촉구가 포함되어야 한다. 연애에 비유해 고객과의 대화를 재구성해보면 다음과 같다.

우리: 나랑 결혼할래요?
고객: 아니요.
우리: 우리 또 만날까요?
고객: 네.

우리: 나랑 지금 결혼할래요?

고객: 아니요.

우리: 우리 또 만날까요?

고객: 물론이죠. 당신은 재미있는 사람이고 알려주신 정보도 도움이 됐어요.

우리: 나랑 결혼할래요?

고객: 좋아요. 이제 결혼해요.

브랜드가 고객에게 구애하는 것은 당연한 일이다. 회사는 고객에 관해 알고 싶고 고객이 회사를 알아주기를 바란다. 하지만 먼저 행동해야 하는 쪽은 브랜드다.

묻고 또 물으면 결국 답하리라

오래전에 나는 어느 글로벌 샴푸 브랜드의 기조연설을 준비하고 있었다. 나는 외부 디자인 하우스를 통해 자료 디자인을 아웃소싱하기로 했다. 온라인에서 프레젠테이션을 전문으로 하는 디자인 하우스를 찾아보니 두 개의 업체가 가까운 곳에 있었다.

처음 방문한 웹사이트는 디자인이 정말 아름다웠다. 흐르는 영상 위에 적힌 텍스트가 이 디자인 하우스의 가치와 우선순위를 설명하고 있었다. 20초 정도 웹사이트 디자인에 감탄한 나는 이내 이들과 거래하는 방법에 관한 정보를 찾기 시작했다. 아무것도 찾을 수가 없었다. 이 회사는 지난 프로젝트의 샘플과 몇 개의 증언, 전화번호를 실어놓고 있었지만 어떤 행동을 정확히 직접적으로 촉구하지는 않았다. 그래서 나는 경쟁사의 사이트도 방문해보기로 했다. 두 번째 회사는 디자인이 그렇게까지 아름답지는 않았다. 하지만 메시지만큼은 분명했다. "프레젠테이션이 걱정되신다면 빅히트를 치도록 저희가 도와드리겠습니다." 이 회사는 나의 내적 두려움을 직접 공략하고 있었다. 또한 이들은 클라이맥스에 대한 그림도 그려주었다. 빅히트를 만들어주겠다고 말이다. 그런 다음 그들은 내게 데이트 신청을 했다. '훌륭한 발표자만 아는 5가지 비밀'이라는 PDF를 다운받으라고 한 것이다. 나는 해당 파일을 내려받아 몇 분 만에 전부 읽었다. 이 회사의 전환적 행동 촉구는 신뢰를 샀고 내 스토리 속에서 그들을 가이드로 설정했다. 이들은 권위가 있어 보였다. 그런 다음 웹사이트를 보니 '일정 문의하기' 버튼이 있었다. 제대로 대접을 받은 나는 그 버튼을 눌렀다. 훨씬 멋있었던 첫 번째 디자인 하우스의 웹사이트로 되돌아갈 일은 전혀 없었다. 얼마 후 나는 기쁜 마음으로 이 회사에 수천 달러짜리 수표를 결제했다. 행동을 취하라고 그들이 분명한 자극을 주었기 때문이다.

직접적 행동 촉구

다시 한 번 강조하지만, 웹사이트에는 누가 봐도 헷갈리지 않을 버튼이 있어서 직접적으로 행동을 촉구해야 한다. '누가 봐도 헷갈리지 않을 버튼'이라 함은 눈에 확 띄어야 한다는 뜻이다. 잘 보이는 색으로 더 크게 더 굵은 글씨로 버튼을 만들어라. 그런 다음 페이지의 스크롤을 내리더라도 사람들이 똑같은 버튼을 계속 볼 수 있게 하라.

우리가 결혼을 원한다는 사실을 고객이 언제나 알 수 있어야 한다. 고객이 준비가 되어 있지 않더라도 반복해서 말해야 한다. 고객이 언제 결심할지는 아무도 모르기 때문이다. 고객이 결심하고 싶어졌을 때 브랜드는 이미 한쪽 무릎을 꿇고 꽃다발을 들고 미소 짓고 있어야 한다.

직접적 행동 촉구는 다음과 같은 것들이다.

- 지금 주문하기
- 지금 전화하기
- 일정 문의하기
- 바로 등록하기
- 지금 구매하기

직접적 행동 촉구는 모든 이메일과 표기, 라디오 광고, TV 광고 말미에 포함시킬 수 있다. 전 직원의 이메일 서명에 직접적 행동 촉구를 포함시키는 것도 고려해보라. 정말로 메시지를 전하고 싶다면 명함에도 넣을 수 있다. 중요한 것은 고객에게 바라는 사항을 분명히 표현하는 것이다. '구매를 결정하시면 우리가 문제를 해결해드리겠습니다.'

전환적 행동 촉구

직접적 행동 촉구는 생각만큼 활용이 안 되고 있지만 단순하고 명백하다. 그런데 전환적 행동 촉구 역시 사업을 성장시키는 데 강력한 힘을 발휘할 수 있다. 스토리브랜드가 겨우 설립 2년 차에 수백만 달러짜리 회사로 성장할 수 있었던 것도 이 전환적 행동 촉구를 활용한 덕분이었다. 우리 회사의 고객 대부분이 스토리브랜드 공식을 이용해 웹사이트를 고치고 있다는 사실을 알게 된 우리는 '웹사이트에 꼭 포함되어야 할 5가지'라는 PDF를 무료로 발행했다. 그리고 PDF 마지막 페이지에 스토리브랜드 마케팅 워크숍의 광고를 실었다. PDF는 수천 명이 다운받았고, 이후 우리는 1년 동안 마케팅 비용을 단 한 푼도 쓰지 않았는데도 매출이 두 배로 늘었다.

전환적 행동 촉구를 잘 만들면 강력한 3가지 효과를 볼 수 있다.

1. **자신의 영역을 주장할 수 있다:** 특정 영역에서 리더로 알려지고 싶으면 경쟁자보다 먼저 해당 영역에 대한 권리를 주장하라. PDF, 영상 시리즈물 기타 무엇이든 전문가로 보이게 할 수 있는 것을 만들어 권위를 확립하라.

2. **고객과 돈독해진다:** 나는 '공짜 정보를 너무 많이 나눠주는 게 아닌가?'라는 걱정은 단 한 번도 해본 적이 없다. 브랜드는 인심을 쓰면 쓸수록 고객과의 상호 관계가 돈독해진다. 세상 모든 관계는 '기브 앤 테이크'다. 고객에게 주는 것이 많을수록 고객도 앞으로 무언가를 돌려줄 가능성이 커진다. 얼마든지 나눠줘라.

3. **브랜드가 곧 가이드가 된다:** 공짜라고 하더라도 고객이 문제를 해

결할 수 있게 도와줬다면 여러분은 이제 가이드다. 고객이 다음에 또 같은 분야에서 문제에 직면한다면 여러분 브랜드에게 도움을 청할 것이다.

전환적 행동 촉구에는 다양한 형태가 있을 수 있다. 자신만의 전환적 행동 촉구를 만들기 위한 몇 가지 아이디어를 제시하면 아래와 같다.

- **무료 정보:** 백서나 무료 PDF 같은 것을 만들어서 고객에게 우리의 전문 분야를 알려라. 그렇게 하면 고객의 스토리 속에서 가이드로 설정되어 서로 도움을 주고받는 사이가 된다. 교육용 영상, 팟캐스트, 웹 세미나, 각종 라이브 이벤트 등도 고객을 구매로 이끌 수 있는 훌륭한 전환적 행동 촉구다.

- **증언:** 영상이나 PDF를 만들 때 만족한 고객의 증언을 담으면 잠재 고객의 마음속에 스토리맵이 생긴다. 다른 사람들의 스토리가 성공한 엔딩으로 끝나는 것을 보면 자신도 똑같은 엔딩을 경험하고 싶어 한다.

- **샘플:** 무료 샘플을 줄 수 있는 제품이라면 나눠줘라. 고객에게 자동차를 시운전해보고, 소스의 맛을 보고, 음악 샘플을 듣고, 책을 몇 페이지 읽게 해줘라. 잠재 고객들에게 제품을 소개할 수 있는 훌륭한 방법이다.

- **무료 체험:** 제한된 횟수의 무료 체험을 제공하면 위험 부담을 없애면서 고객을 구매로 이끌 수 있다. 일단 한번 써보고 나면 이 제품 없이는 살 수 없을 것이다.

연결점을 만들어라

올해 초 우리 회사는 어느 건강 클리닉과 작업을 했다. 이 회사는 건강 검진과 약물 테스트, 가벼운 질병 치료, 주사 치료 등을 전문으로 하는 곳이었다. 주요 고객은 직원들에게 약물 테스트를 해야 하는 회사들이었다. 그런데도 성장이 정체 상태였다. 고객들은 이 클리닉의 한 가지 상품을 보고 찾아왔으며, 이곳이 제공하는 다른 서비스에 관해서는 전혀 알지 못했다. 이곳을 방문한 우리 공인 가이드는 분명한 직접적 행동 촉구와 전환적 행동 촉구가 필요하다는 사실을 눈치챘다.

환자들은 클리닉에 들어와 접수 양식을 기재한 후, 로비에 앉아 간호사를 기다리는 동안 잡지나 TV를 보았다. 컨설팅을 맡은 가이드는 원장에게 TV와 잡지를 치우고 '건강 체크리스트'라는 전환적 행동 촉구 수단을 만들어서 환자들이 자신의 건강을 평가하게 했다. 이 체크리스트 속에는 "매일 오후 2시 정도면 피곤함을 느낍니까?"라든가 "지금의 체중에 만족하십니까?" 같은 질문이 들어 있었다. 환자들이 약물 검사나 혈액 검사를 마치고 나면 간호사가 해당 체크리스트를 살펴보고, 이 클리닉에서 어떤 해결책을 제공할 수 있는지 알려주도록 했다. 그러고 나면 안내 데스크의 직원이 고객의 데이터를 클리닉의 이메일 마케팅 시스템에 입력한 뒤 적절히 분류해 자동 광고를 발송하게 했다. 만약 비타민 B가 더 필요해 보이는 환자라면 매월 비타민 B 주사를 맞았을 때의 효용을 설명하는 이메일이 연달아 발송됐다. 이메일에는 환자가 다음 예약을 잡을 수 있는 분명한 행동 촉구도 포함시켰다.

당신의 브랜드에는 사업을 성장시킬 수 있는 전환적 행동 촉구가 있는가? 직접적 행동 촉구가 분명하며 자주 반복되는가? 그렇지 않다면 고객은 브랜드가 뭘 원하는지 모를 가능성이 크다. 기억하라. 사람들은 혼란을 싫어하고 분명함을 좋아한다. 분명하게 행동을 촉구하면 고객이 거래를 하기 위해 어떤 행동을 해야 할지 헷갈릴 필요가 없다.

무엇이 걸려 있는가?

일단 고객이 제품을 구매하기로 결심했을 때 고객이 인식하는 제품의 가치를 높이고 브랜드를 더 긍정적으로 경험하게 만들 방법은 뭘까? 어떻게 하면 고객을 초대하는 스토리를 더 매력적으로 만들고, 참을 수 없을 만큼 다음 이야기가 궁금해지게 만들 수 있을까?

그렇게 하려면 '무엇이 걸려 있는지'를 정의해야 한다. 당신의 브랜드와의 거래를 통해서 고객은 무엇을 얻을 수 있는가? 이 부분을 명확히 규정하지 않는다면 스토리는 흥미로울 수 없다. 다음 두 장에서는 정확히 무엇이 걸려 있는지를 규정함으로써 우리 브랜드에 대한 고객의 경험을 더 깊이 있게 만드는 방법을 설명한다.

하지만 그전에 브랜드 각본에 포함시킬 행동 촉구 방법을 브레인스토밍함으로써 사업을 분명하게 만드는 작업을 계속해나가자.

―――――― 메시지가 분명해야 고객이 귀담아듣는다 ――――――

- 마이스토리브랜드닷컴을 방문해 브랜드 각본을 만들거나 기존
  의 브랜드 각본에 접속하라.
- 모든 마케팅 자료에 어떤 직접적 행동 촉구를 분명히 표시할지
  결정하라.
- 영역을 주장하고, 고객과의 관계를
  돈독하게 만들고, 브랜드를 가이드
  로 설정하기 위해 만들 수 있는 전
  환적 행동 촉구에는 어떤 것들이 있
  을지 브레인스토밍하라.
- 브랜드 각본에서 '행동 촉구' 칸을
  채워라.

행동을 촉구한다

직접적 행동 촉구

_____

_____

_____

전환적 행동 촉구

_____

_____

_____

실패를 피하게
도와준다

모든 인간은 비극적 결말을 피하려 노력 중이다.

스토리의 생사는 이 질문에 달렸다. '주인공이 성공할 것인가, 실패할 것인가?' 스토리를 이어가는 동안 스토리텔러는 시종일관 성공적 엔딩과 비극적 엔딩이 어떤 것인지를 암시해준다. 스토리텔러가 주인공을 성공과 실패의 벼랑 끝에 세워두는 이상 관객은 계속 조마조마할 수밖에 없다.

스토리 속에서 주인공의 행동 동기는 두 가지밖에 없다. 나쁜 일을 피하거나 좋은 일을 경험하기 위한 것이다. 그게 인생이다. 주인공은 고통을 피하고 싶은 마음에 현재 갖고 있는 문제에 대한 해결책을 찾아 나서게 된다. 난관을 극복하지 못했을 때 어떤 끔찍하고 처참한 일이 닥칠지 스토리텔러가 분명히 알려주지 않는다면, 그 스토리는 아무

것도 걸린 게 없어진다. 그런 스토리는 지루하다. 영화 속 모든 장면은 항상 다음 질문에 답해야 한다. '주인공에게 뭐가 걸려 있는가?' 모든 대화와 추격 장면, 회상 장면들은 캐릭터에게 닥칠 수 있는 비극적 결과에 캐릭터를 더 가까이 가져가거나 더 멀리 떼어놓는 기능을 한다.

샬럿 브론테의 『제인 에어』를 읽으며 책장을 계속 넘기게 되는 이유는 에드워드 로체스터가 숨기고 있는 어두운 비밀이 무엇인지 알아내기 위해서다. 영화 〈조스〉를 보면서 안절부절못하는 이유는 마틴 브로디 경찰서장이 뭔가 조치를 취하지 않으면 애미티 아일랜드의 주민들이 상어에 물려 죽기 때문이다.

주인공한테 어떤 나쁜 일도 생길 수 없는 스토리가 있다고 상상해보자. 모든 일이 술술 진행되어 아무런 긴장감 없이 커플이 곧장 아름다운 결혼식에 이르는 러브 스토리나, 주인공이 파괴하려는 폭탄이 실제로는 작동하지 않는 것이어서 아무도 위험에 처해 있지 않은 액션 영화에 관객이 관심을 가질까?

제품을 사지 않았을 때 무슨 일이 벌어지는지 고객에게 경고하지 않는 브랜드는 모든 고객이 은연중에 묻고 있는 "그래서 뭐?"라는 질문에 답하지 못한 것이다.

메이헴 어디 갔어?

올스테이트보험Allstate Insurance에서 장기간 선보이고 있는 메이헴 광고에는 영화배우 딘 윈터스가 등장한다. 그는 다락방에 출현한

너구리부터 야외 파티의 바비큐 그릴에서 시작된 화재 사고에 이르기까지 온갖 상황을 유머러스하게 묘사한다. 광고의 목적은 사람들에게 보험이 왜 필요한지를 재미있게 상기시켜주는 것이다. 메이헴이라는 인물은 언제나 안정적이고 평화로운 올스테이트와 대조를 이룬다. 올스테이트는 이렇게 묻는다. "믿을 만한 사람에게 맡기셨나요?"

2015년 올스테이트보험은 광고 회사 리오 버넷Leo Burnett과 함께 이 광고를 한 차원 높은 수준으로 끌어올렸다. 새해 첫날 슈거볼(미국 대학 미식축구 경기)이 열리는 동안 올스테이트는 '프로젝트 셰어 어웨어Project Share Aware'라는 새로운 광고를 선보였다. 자신이 어디에 있는지 소셜 미디어에 올릴 경우, 언제 우리 집을 털어도 좋을지 강도에게 알려주는 꼴이 될 수 있다는 사실을 널리 알리는 광고였다.

이 프로젝트를 발표하면서 올스테이트는 실제로 한 부부를 골라서 행사에 당첨되었다고 그들을 속였다. 그리고 부부의 집을 방문해서 몰래 집 안 물건들을 사진으로 찍었다. 이후 올스테이트는 스튜디오에서 이 집을 그대로 재현하여 집 안에 있던 물건들을 복제해 꾸며놓은 뒤, 부부를 슈거볼에 초청해 특별석을 제공했다. 경기가 열리는 동안 메이헴은 전국 방송을 통해 이 부부의 물건들을 경매하기 시작했다. 사람들은 중고차부터 오래된 튜바에 이르기까지 다양한 물건들을 헐값에 사려고 메이헴세일닷컴Mayhemsale.com을 방문했다. 경기장의 커다란 스크린으로 자신들의 물건이 팔리는 모습을 지켜본 부부는 패닉에 빠졌다. 몰래 카메라가 부부의 반응을 촬영했고 그 모습은 실시간으로 TV에 방송되었다.

물론 이 부부의 진짜 물건들은 안전했다. 그럼에도 불구하고 이 광고를 본 수많은 미국인은 동요하지 않을 수 없었다. 실제로 ABC 뉴스, 〈월스트리트 저널〉, 〈뉴욕 타임스〉를 비롯한 전국 각지의 뉴스 채널이 이 스토리를 앞다투어 보도했다. 멀리 외출하면서 소셜 미디어에 그 사실을 알릴 경우 범죄자가 우리 집을 찾을 수도 있다는 공포가 전국적으로 확산되었다.

결과는 어땠을까? 광고가 나간 직후 메이헴세일닷컴은 초당 6천에서 1만 건의 히트를 받았고, 경기 내내 1,800만 건의 히트 수를 기록했다. 또한 '#메이헴세일'은 경기 내내 해시태그 트렌드 상위 10위 안에 들었고, 광고가 나간 직후에는 전 세계적으로 트렌드 1위에 올랐다. 경기가 진행되는 동안 메이헴의 트위터 팔로워 수는 2만 4,000명이 늘었고, 페이스북에 2,000만 번 노출됐으며, 7만 개에 가까운 '좋아요'를 받았다.[1] 미식축구 한 경기가 펼쳐지는 동안 올스테이트는 고객들에게 어떤 실패가 발생할 수 있는지 보여주었고, 그 실패를 막는 보험을 팔았다. 스토리를 열고 그것을 닫는 방법까지 하나의 광고에서 모두 보여준 사례였다.

물론 모두가 수백만 명에게 접근해 이런 광고를 만들어낼 수는 없다. 하지만 거래하지 않았을 때 발생할 수 있는 함정을 보여주는 것은 생각보다 훨씬 쉽다. 블로그 주제며 이메일 콘텐츠, 웹사이트의 요점 정리 등을 통해 얼마든지 어떤 실패가 발생할 수 있는지 보여줄 수 있으며, 고객들에게 제품과 서비스를 구매하는 일이 시급하다는 인상을 줄 수 있다.

뭘 잃을 수 있는가?

마케팅과 관련해 가장 당연한 질문은 이것이다. '제품을 사지 않으면 고객은 무엇을 잃을 것인가?'

움찔하는 사람도 있을 것이다. 이해한다. 괜한 공포를 조장하고 싶은 사람은 아무도 없을 것이다. 공포를 조장하는 사람은 시장에서 성공하지 못하기 때문이다. 하지만 99.9퍼센트의 기업 리더들이 고전하는 부분은 공포를 조장하는 부분이 아니다. 대부분의 기업 리더는 정반대의 이유 때문에 고전한다. 부정적 결과를 충분히 제시하지 않아서 오히려 스토리를 재미없게 만드는 것 말이다. 기억하라. 걸린 게 아무것도 없다면 스토리가 아니다.

손실 회피가 사람들의 동기다

잠재적 손실을 강조하면 스토리만 살아나는 것이 아니다. 이것은 행동 경제학적으로도 좋은 일이다. 노벨 경제학상 수상자인 대니얼 카너먼Daniel Kahneman은 1979년에 사람들의 특정한 구매의사 결정과 관련한 이론을 발표했다. '전망 이론Prospect Theory'이라고 하는 이 이론은 사람들이 이득에 만족하기보다는 손실에 불만을 가질 가능성이 더 크다고 주장했다. 다시 말해 사람들은 100달러를 따서 좋아하는 것보다는 100달러를 잃기 싫어하는 마음이 더 크다. 그렇다면 잠재적 이득보다는 손실 회피가 구매의사 결정에 더 큰 동기가 될 것이다. 실제로 카너먼에 따르면 사람들이 특정 상황에서 변화를 꾀하는 동기는

이득을 취하기 위한 것보다는 손실을 피하기 위한 것일 가능성이 두세 배 더 컸다.[2]

린든 베인스 존슨Lyndon Baines Johnson이 1964년 인권법을 통과시키려고 애쓸 당시 남부 지역의 보수적 정치 리더들로부터 끈질긴 압력을 받았다. 그때 입법에 반대한 대표적 리더 중에 앨라배마 주지사 조지 월리스George Wallace가 있었다. 월리스는 법안에 대한 투표권은 없었지만 법안 통과를 저지할 만큼의 영향력을 가진 사람이었다. 협상 과정의 큰 고비에서 월리스와 마주 앉은 존슨은 그에게 역사의 올바른 쪽에 서는 편이 좋을 것이라고 설명했다. 월리스의 업적이 여기에 달려 있으며, 후대 사람들은 그를 기리며 동상을 세울 수도 있고 증오를 조장했던 사람으로 기억할 수도 있다고 했다. 선택은 월리스의 몫이었다. 존슨은 상황의 내러티브를 자세히 설명하며 무엇이 걸려 있는지를 강조했다. 월리스 주지사의 잠재적 업적이 퇴색될 수도 있다고 말이다. 물론 인권법은 통과되었다.

그렇다면 우리는 실패라는 카테고리에 있는 메시지를 어떻게 마케팅에 활용할 수 있을까? 『소통 쌓기 이론Building Communication Theory』에서 도미닉 인판테Dominic Infante, 앤드루 랜서Andrew Rancer, 디애나 워맥Deanna Womack은 4단계로 된 '공포에의 호소법 Fear Appeal'을 제안한다.

첫째: 독자(또는 청자)가 위험에 노출되어 있음을 알려야 한다.
"전국 가정의 30퍼센트에 흰개미가 서식한다는 증거가 있어요."

둘째: 독자는 위험에 노출되어 있기 때문에 그 위험성을 줄이려면 행동을 취해야 한다는 점을 알린다.

"흰개미를 원하는 사람은 없죠. 우리 집을 지키려면 뭔가 행동을 하셔야 해요."

셋째: 독자를 위험으로부터 보호해줄 '구체적' 행동이 무엇인지 알린다.

"저희는 흰개미를 박멸할 주택 해결사를 제공하고 있어요."

넷째: 사람들이 이 구체적 행동을 취하도록 자극한다.

"오늘 전화하세요. 주택 해결사 예약을 잡으세요."[3]

인판테와 랜서, 위맥은 부드러운 방식으로 공포를 일깨운 다음, 독자를 다시 평화와 안정으로 되돌려줄 경로를 강조한다.

공포란 소금과 같다

고객에게 들려주는 스토리에 공포를 과도하게 사용할 필요는 없다. 요리에 들어가는 소금은 한 꼬집이면 충분하다. 브랜드 각본을 완성하려면 실패에 대해서도 알려줘야 하지만, 불운이 임박했다고 너무 많은 경고를 내보내면 고객은 오히려 흥미를 잃을 것이다. 인판테, 랜서, 위맥은 그 이유를 다음과 같이 설명한다.

"받아들이는 사람이 아주 큰 두려움을 느끼거나 전혀 두려움을 느끼지 않는 경우에는 태도나 행동의 변화가 거의 일어나지 않는다. 높은 수준의 공포는 너무 강력해서 개인들이 차단하기 힘들고, 낮은 수준의 공포는 너무 약해서 원했던 효과를 낼 수 없다. 적당한 정도의 공포를 일으키는 콘텐츠가 포함되었을 때 행동의 변화가 가장 효과적으로 일어난다."4

우리는 고객이 무엇을 피하게 도와주는가?

여러분의 브랜드는 고객이 어떤 부정적 결과를 피할 수 있게 돕고 있는가? 고객이 돈을 잃을 수도 있는가? 서비스를 받지 않을 경우 건강에 위협이 되는가? 기회비용은 어떠한가? 고객은 경쟁사보다는 이 브랜드와 거래할 때 더 많은 돈을 벌거나 절약할 수 있는가? 여러분의 브랜드를 간과할 경우 고객의 삶의 질이 떨어지는가? 거래하지 않을 때 고객이 치르는 대가가 무엇인가? 예를 들어 여러분이 금융 자문사라면 고객이 다음과 같은 것들을 피하게 도와줄 수 있을 것이다.

- 내 돈이 어떻게 투자되고 있는지에 대한 혼란
- 은퇴 준비가 제대로 되고 있지 않는 것
- 금융 자문사로부터의 투명성 부족
- 자문사와의 일대일 소통 부족
- 숨은 비용

여러분과 거래하지 않을 때 고객에게 닥칠 수 있는 비극적 장면을 상상해볼 수도 있다. 금융 자문사는 다음과 같은 카피를 작성할 수도 있다. "은퇴를 미루지 마세요. 당신은 너무 오래 너무 열심히 일했습니다. 손주와 재미난 시간을 보내지도 못했잖아요."

우리 회사와 협업한 회사들이 어떤 식으로 고객이 실패를 피하게 도와주었는지 몇 가지 예를 들어보겠다.

퍼킨스 모터플렉스Perkins Motorplex(중고차)

중고차 딜러에게 바가지를 쓰는 것

속아서 잘못된 차를 사는 것

이용당한 것 같은 기분

릴라이 테크놀로지Rely Technology(가정용 음향 및 영상 기기)

지루한 집에서 지내는 것

아무도 우리 집에서 스포츠 경기를 보지 않는 것

TV 하나 켜기가 너무 어려운 것

에어로스페이스 마켓 엔트리Aerospace Market Entry(항공장비 제조업체)

제품 고장 및 회사 명성에 먹칠

생산성 저하

경쟁력 저하

윈 셰이프 캠프 Win Shape Camps**(어린이 여름 캠프)**

길고 지루한 여름

집 안에서 가만히 있지 못하는 아이들

여름을 낭비했다는 후회

고객용 마케팅 자료에 이런 생각들을 포함한다면 전체 이야기가 얼마나 완성도 있고 긴급하게 느껴질지 감이 올 것이다.

브랜드 각본의 이 칸에는 글을 써넣을 자리가 별로 없지만 '성공' 칸에는 쓸 자리가 훨씬 많다는 걸 알게 될 것이다. 물론 이것은 의도된 것이다. 고객들에게 요점을 전달하기 위한 끔찍하고 비열하고 처참한 내용은 몇 개면 충분하기 때문이다. 너무 많으면 고객이 저항할 테고, 너무 적으면 이 제품이 왜 중요한지 고객이 알 수 없을 것이다.

뭐가 걸려 있는지 규정하고 나면 고객은 실패에 저항할 마음이 들 것이다. 그다음은 브랜드가 고객의 동기를 극적으로 높여줄 차례다. 우리 제품이나 서비스를 구매할 경우 삶이 어떻게 달라지는지 상상할 수 있게 도와주면 된다. 고객들이 우리 브랜드가 뭘 제공하고 또 그것을 통해 생활이 얼마나 더 좋아질 수 있는지 알고 나면 내러티브에 중요한 내용이 생기고, 고객의 관심은 증가할 것이다. 하지만 그전에 고객들에게 거래하지 않았을 때의 결과를 경고하도록 하자.

- 마이스토리브랜드닷컴을 방문해 브랜드 각본을 만들거나 기존의 브랜드 각본에 접속하라.

- 우리 브랜드가 고객들에게 피하게끔 도와주는 부정적 결과에는 어떤 것이 있는지 브레인스토밍을 실시하라.

- 브랜드 각본에 적어도 3개의 결과를 적어라.

7단계

성공으로
끝맺는다

우리 브랜드가 저들의 삶을 어떻게 바꿀 수 있는지
사람들이 당연히 알 거라고 생각하지 말고, 직접 말해줘라.

오래전 내 친구가 리더십에 관한 최고의 조언을 해줬다.

"잊지 마. 사람들은 늘 누군가가 자신을 어딘가로 데려가주길 바라."

나는 이 조언이 가족들과 팀원들은 물론이고, 내가 쓰는 책이나 하는 연설에도 모두 해당한다는 사실을 알게 됐다. 마케팅에 적용되는 것은 두말할 것도 없다.

여러분의 브랜드는 사람들을 어디로 데려가는가? 든든한 경제적 안정으로? 꿈꾸던 집으로 이사하는 날로? 친구들과의 재미있는 주말로? 여러분이 만나는 모든 고객은 무의식적으로 이렇게 묻고 있다. '나를 어디로 데려다줄 건가요?'

로널드 레이건은 언덕 위의 빛나는 도시로 미국의 비전을 그려냈다. 빌 클린턴은 21세기로 가는 다리를 놓겠다고 약속했다. 분명하면서도 야심찬 비전을 보여주는 것은 대통령 후보들에게 언제나 도움을 주었다. 스토리의 성공적 엔딩이 어떤 모습일지 보여준다면, 혹은 와튼스쿨의 스튜 프리드먼Stew Friedman이 말하는 것처럼 "달성 가능한 미래에 대한 설득력 있는 이미지"를 정의한다면, 리더는 관객의 상상력을 사로잡을 수 있다.

성공한 브랜드는 성공한 리더와 마찬가지로 누군가 그들의 제품이나 서비스를 이용했을 때 삶이 어떻게 달라지는지를 분명히 보여준다. 나이키는 운동을 즐기는 모든 이들에게 영감과 혁신을 보여주겠다고 약속했다. 스타벅스는 한 번에 한 컵씩 고객에게 영감을 제공하고 성장시키겠다고 했다. 멘스 웨어하우스는 오랫동안 "보이는 그대로 될 겁니다"라고 약속했고 심지어 그것을 보증했다.

비전이 없다면 사람은 시들고 만다. 브랜드도 마찬가지다. 스토리브랜드 공식의 마지막 요소이자 가장 중요한 요소에서 브랜드는 고객이 가장 원하는 것, 바로 스토리의 '해피엔딩'을 제공할 것이다.

엔딩은 구체적이고 선명하게

스토리브랜드의 고객들과 함께 작업하다 보면 마주치는 문제가 하나 있다. 바로 각 회사가 고객의 미래에 대해 그리는 비전이 너무나 모호하다는 점이다. 흐리멍덩한 비전에 흥분하는 사람은 없다. 스토리는 막연해서는 안 되고 구체적으로 정의되어야 한다. 구체적인 사람에게 일어날 구체적인 일들을 이야기해야 한다. 그렇지 않으면 그건 스토리가 아니라 저 높은 곳에 있는 '개념'에 불과하다.

영화 〈에어포스 원〉에서 해리슨 포드는 테러리스트들을 물리쳐야만 평화로운 백악관으로 돌아갈 수 있다. 영화 〈에린 브로코비치〉에서 줄리아 로버츠는 대기업 PG&E를 상대로 마지막 판결을 이겨야만 캘리포니아주 힝클리 시민들에게 정의가 뭔지 알릴 수 있다. 좋은 스토리는 해법이 명확히 규정되어야 한다. 그래야 관객이 정확히 뭘 바라야 할지 알 수 있다.

구체성은 매우 중요하다. 케네디 대통령이 그의 비전을 '매우 경쟁력 있고 생산적인 우주 계획'이라고 말했다면 전 세계가 지루해했을 것이다. 그러나 케네디는 자신의 야망을 구체적으로 제시했고 온 나라를 흥분시켰다. "우리는 달에 사람을 보낼 겁니다."

비포 앤 애프터

디지털 마케터Digital Marketer에서 일하는 라이언 다이스Ryan Deiss가 만든 훌륭한 툴이 있다. 고객들이 우리 제품과 서비스를 이용했을 때 어떤 성공을 경험하는지 상상할 수 있게 도와주는 도구다. 라이언은 간단한 도표를 통해 고객이 우리 브랜드와 거래를 하고 나면 삶이 어떻게 달라지고, 어떤 기분을 느끼고, 평범한 일상이 어떻게 바뀌며, 어떤 새로운 상태를 즐기게 되는지 보여준다.

	우리 브랜드를 만나기 전	우리 브랜드를 만난 후
뭘 가지고 있는가?		
어떤 기분을 느끼는가?		
일상은 어떤가?		
어떤 상태인가?		

디지털마케터의 라이언 다이스 제공

여러분의 브랜드에 맞게 이 표를 채워본다면 훌륭한 연습이 될 것이다. 브랜드를 사용한 후 고객의 삶이 어떻게 달라지는지 알게 되면 마케팅 자료에 응용할 수 있는 카피가 무궁무진해진다.

그다음 단계는 분명한 말로 표현하는 것이다. 제품을 구매하고 나면 고객의 삶이 어떻게 달라질지 말해주지 않는다면 고객은 구매할 이유가 전혀 없다. 기조연설에서, 이메일에서, 웹사이트에서, 그 밖의 모든 곳에서 브랜드가 고객의 삶을 위해 준비한 최종 비전을 이야기해야 한다.

고객들에게 비전을 보여줄 때는 이미지도 중요하다. 부엌 바닥 소재를 판매하는 회사라면 웹사이트에서 엄마가 반짝반짝 아름답게 빛나는 바닥에서 아이를 들어 올리는 사진을 보여줄 수 있을 것이다. 교육 서비스를 판매하는 회사라면 그곳이 제공한 환경에서 멋진 시간을 보내며 공부하고 있는 학생들의 모습을 보여줄 수 있다. 여러분이 파는 것이 무엇이든 간에, 사람들이 해당 제품을 행복하게 사용하고 있는 모습을 보여줘라.

고객의 스토리를 어떻게 끝낼 것인가?

최종적으로 브랜드 각본에서 '성공' 칸은 고객의 문제에 대한 해결 목록이 되어야 한다. 해당 문제가 해결된다면 고객의 삶이 외적으로 어떻게 보일지 브레인스토밍해보라. 그런 다음 그 해결책이 고객의 기분을 어떻게 만들지 생각해보고, 고객의 문제에 대한 해결책이 세상을 좀 더 살 만한 곳으로 만들게 되는 이유를 고민하라. 고객의 내적 · 외적 · 철학적 문제를 해결한다면 고객의 스토리는 만족스럽게 끝날 것이다.

이 콘셉트를 조금 더 깊이 들어가보고 싶다면 전문가들이 대부분의 스토리를 어떻게 끝내는지 살펴보면 된다. 수백 년에 걸쳐 스토리텔러들은 관객이 만족스러운 마무리라고 느끼게 만들어주는 요소가 무엇인지 알아냈다. 스토리텔러가 스토리를 끝내는 주된 방법에는 세 가지가 있다. 주인공에게 다음과 같은 일을 허락하면 된다.

1. 일종의 권력이나 지위를 얻는다.
2. 자신을 완전하게 만들어주는 무엇, 혹은 누군가와 하나가 된다.
3. 역시나 자신을 완전하게 만들어주는 어떤 자각을 경험한다.

이 세 가지 엔딩이 스토리에서 가장 많이 사용된다는 사실은 곧 이 세 가지가 대부분의 인간이 공유하는 지배적인 심리적 열망이라는 뜻이다. 만약 브랜드가 이들 열망과 관련된 해결책을 약속한다면 브랜드 각본은 효과를 볼 것이고 아주 솔깃한 메시지가 만들어질 것이다. 이 세 가지 열망을 좀 더 자세히 알아보자.

1. 권력이나 지위를 얻는다(지위에 대한 욕구)

〈연애학개론Can't Buy Me Love〉이라는 영화에서 어딘가 호감이 가는 찌질이인 로널드 밀러는 인기 많은 치어리더인 신디 맨시니와 사랑에 빠진다.

사람들은 이 영화를 무척 좋아했다. 이유가 뭘까? 왜냐하면 결국에는 로널드가 그 소녀의 마음과 그 이상을 얻었기 때문이다. 로널드는 지위를 얻었다. 신디의 마음을 얻은 다음 로널드는 가장 인기 있는 아이 중 한 명이 됐고, 다른 어떤 사람이 되려고 애쓰는 것은 시간 낭비라는 깨달음도 얻었다. 그리고 그 때문에 더 인기 있는 친구가 됐다.

누구나 지위를 원한다. 주인공 캐릭터가 자신도 거물을 상대할 수 있음을 깨닫게 되는 '성장' 스토리가 얼마나 많은지만 봐도 알 수 있다. 앞서 언급한 것처럼 뇌의 주된 기능은 생존과 번창을 돕는 일이다. 생존에는 지위를 얻는 것도 포함된다. 브랜드가 고객이 사회적으로 좀 더 존경받고, 존중받고, 매력적으로 보이는 데 도움을 준다면 고객이 원하는 것을 제공하는 셈이다. 브랜드가 지위를 제공하려면 어떻게 해야 할까? 방법은 많다.

접근권을 준다: 포인트를 얻을 수 있는 '다이아몬드 레벨'을 부여하는 스타벅스 멤버십 카드는 지위와 함께 가끔 공짜 라테까지 제공한다.

희소성을 만들어낸다: 특정 아이템을 제한된 수량만 제공하면 희소성이 만들어진다. 희소한 무언가를 갖고 있다는 것은 종종 지위의 상징으로 비쳐진다. 지프Jeep가 그랜드 체로키 뒤꽁무니에 '한정판'이라는 배지를 붙인 것도 럭셔리 SUV의 희소성을 홍보하기 위한 것이다.

프리미엄을 제공한다: 대부분의 기업은 매출의 70퍼센트 이상을 소수의 고객들로부터 얻는다. 얼마 되지 않더라도 그 고객들이 누군지 찾아내 '우선권' 또는 '다이아몬드 회원' 같은 이름을 붙여줘라. 우리 회사는 비영리단체에도 지위를 연상시키는 타이틀을 만들라고 권한다. 사람들은 자신이 주요 기부자라는 사실을 알면 기부를 할 가능성이 훨씬 크다. 설립자에게 업데이트를 받거나 기금 모금 행사에서 다른 주요 기부자와 만나는 등의 특권이 있다면 기부 가능성은 더욱 커진다.

정체성을 제공한다: 메르세데스 벤츠나 롤렉스 같은 프리미엄 브랜드는 사치품만 파는 것이 아니라 지위를 판다. 그럴 가치가 있을까? 사람에 따라 답은 다르겠지만, 지위가 열어주는 문이 분명히

있다. 그들은 브랜드와 고객을 성공 및 품위와 연상시킴으로써 고객들에게 지위를 제공한다.

2. 주인공을 완전하게 만들어주는 것과 결합한다(온전해지기 위해 필요한 외적인 어떤 것)

많은 스토리가 연인들의 재회로 끝나는 건 사랑이나 섹스에 대한 열망과는 관계가 없다. 오히려 두 캐릭터의 결합은 '완전함'에 대한 독자의 열망을 채워준다. 왕자가 공주를 구한 뒤 영화 말미에 결혼으로 하나가 되면 관객은 무의식적으로 두 개의 반쪽이 결합하는 것을 경험한다. 완전해지려면 두 명의 다른 존재가 온전한 하나가 되어야 한다는 생각이 무의식 속에 있는 것이다. 그러나 외적 근원에 의해 완전해지고 싶은 욕구가 반드시 결혼이나 연인 캐릭터를 포함해야 하는 것은 아니다. 예컨대 불완전한 슈퍼히어로가 스토리 말미에 나타난 다른 슈퍼히어로에 의해 구조되는 것도 가능하다.

이런 엔딩의 지배적 아이디어는 캐릭터가 완전해지기 위해 필요한 누군가 혹은 무엇에 의해 구조된다는 사실이다. 물론 모든 러브 스토리는 커플 캐릭터의 결합에 관한 얘기지만 이런 종류의 스토리가 해결해주는 정서적 욕구는 그보다 훨씬 크다. 외부에서 무언가가 제공되어 완전해지는 것이 핵심이다. 그렇다면 완전해지기를 바라는 고객들에게 제공할 수 있는 외적 도움에는 어떤 것들이 있을까? 몇 가지 예를 들어보면 아래와 같다.

불안 감소: 주방 세제나 유리 클리너 같은 기본적 아이템을 판매하는 브랜드들은 오랫동안 제품을 불안 치료제처럼 코믹하게 설정했다. 광고 속 주인공은 해당 제품을 사용하면서 실망감이 잦아들고, 결국은 반짝거리는 접시에 비친 자신의 활짝 웃는 얼굴을 보다가 석양 속으로 사라진다. 이들 브랜드가 실제로 제공하는 것은 뭘까? 일을 잘 끝냈다는 만족감과 깨끗한 집을 만들었다는 안도감, 더 평화롭고 훌륭한 삶이다. 당신의 브랜드 제품을 사용하면 스트레스가 풀리거나 완전하다는 기분이 드는가? 그렇다면 마케팅 자료에서 그 점을 이야기하고 보여줘라.

업무량 감소: 고객에게 제대로 된 툴이 없다면 일이 더 힘들어진다. 그들이 '완전하지' 않기 때문이다. 그런데 브랜드가 제공하는 툴이 그 빠진 것을 제공할 수 있다면 어떨까? 판매하는 것이 손수레이든, 소프트웨어이든, 휴대용 드릴이든 낚싯대이든 간에 제조사들은 수십 년간 그들의 툴을 '여러분을 초인으로 만들어줄 물건'으로 포지셔닝해왔다.

더 많은 시간: 많은 고객에게 시간은 곧 적이다. 만약 우리 제품이 그 시간을 확장해준다면, 고객에게 내적 좌절을 야기하는 외적 문제를 해결해주는 셈이다. 고객들은 종종 자신이 '만능'이 될 수 없는 것을 개인적 결함으로 생각한다. 시간을 확장할 수 있는 툴이나 시스템, 철학, 심지어 사람을 제공한다면 고객은 완전하다

고 느낄 것이다.

3. 궁극적인 자각 또는 인정을 경험한다(잠재력을 발휘하려는 욕구)

〈루디 이야기〉, 〈후지어〉, 〈불의 전차〉 같은 영화들은 모두 잠재력을 발휘하고 싶은 인간의 욕구를 다룬다. 이것은 스포츠 영화에만 해당되는 얘기가 아니다. 〈금발이 너무해〉나 〈사랑에 대한 모든 것〉, 〈위플래시〉 같은 영화에서도 주인공들은 자기 자신을 증명하기 위해서 커다란 역경을 이겨내야 한다. 자신을 증명한 주인공은 내면의 평화를 깨닫고 마침내 스스로를 받아들이게 된다. 스스로의 잠재력을 보았기 때문이다.

이런 식의 해결을 위해 반드시 가치를 밖으로 증명해야만 하는 것은 아니다. 주인공은 내면의 여정을 통해 같은 결론에 도달할 수도 있다. 영화 〈브리짓 존스의 일기〉에서 브리짓 존스는 사귀고 싶어 했던 직장 상사에게 자신이 너무 과분한 사람임을 깨닫는다. 이런 각성이 그녀를 다시 평화와 안정으로 돌려놓는다. 원했던 남자와의 결합으로 스토리가 마무리된 것은 아니지만, 브리짓 존스가 자기 수용이라는 더 큰 성취감과 만족을 얻었기에 그 목표는 버려지고 이야기는 오히려 해소된다.

2013년 비누회사 도브Dove는 FBI에서 교육받은 몽타주 전문가와 여성들을 출연시킨 단편영화 시리즈를 발표했다. 몽타주 전문가는 여성들을 실제로 보지 않고 각 여성이 자기 자신을 묘사한 내용에 기초해 그들을 스케치했다. 그다음에는 다시 낯선 사람이 이 여성들을 묘사한 내용에 기초해 스케치를 그렸다. 결과는 충격적이었다. 여성들이 스스로를 묘사한 내용보다 낯선 이들의 묘사를 바탕으로 한 스케치가 더 아름다웠다. '많은 여성들이 자신이 실제로 얼마나 아름다운지 알지 못했다.' 여성들이 자신을 받아들이고 타고난 아름다움에 만족할 수 있게 도와주려고 나온 광고였다.

어떤 목적을 이뤄서이건, 자신을 있는 그대로 받아들여서이건, 이런 만족은 스토리 속에 보편적이고 인간적인 어떤 부분을 해결해준다. '자기 수용의 욕구' 말이다. 고객이 궁극적인 자기 각성이나 자기 수용을 느끼게 하려면 브랜드는 어떻게 해야 할까? 몇 가지 예를 제시하면 아래와 같다.

영감: 브랜드에 영감을 주는 것과 관련된 측면이 있다면 그 부분을 적극 활용하라. 레드불Red Bull이나 〈하버드 비즈니스 리뷰〉, 언더 아머, 켄 블랜차드, 미켈롭 울트라Michelob Ultra, GMC 등의 브랜드는 운동 능력이나 지적인 측면과 관련해 자아실현의 느낌을 연상시킨다.

수용: 사람들이 있는 그대로 자신을 받아들일 수 있게 도와주는 것은 단순히 친절한 행동을 넘어서 훌륭한 마케팅이 될 수 있다. 도브 광고와 마찬가지로 아메리칸 이글도 에어리Aerie 광고를 내놓아 이목을 집중시켰다. 이 광고에서 아메리칸 이글은 실제 사람들을 모델로 사용한 뒤 이미지를 보정하지 않았다. 몸매 사진

과 관련된 이슈에 정면으로 대응하면서 아메리칸 이글은 단순한 제품 홍보를 넘어 고객들의 보편적 자기 수용에 기여했다.

초월: 고객들을 더 큰 운동의 일원으로 참여시키는 브랜드는 고객에게 제품이나 서비스와 함께 더 크고 영향력 있는 삶을 제안하는 셈이다. 탐스TOMS는 '원 포 원one for one'이라고 부르는 사업 모델을 통해 명성을 쌓았다. 스타일리시한 신발을 팔면서 신발이 한 켤레 팔릴 때마다 가난한 사람들에게 한 켤레를 기부하는 방식이었다. 탐스를 신는 사람들은 더 큰 운동에 참여한다는 기분이 해당 신발의 구매 결정에 크게 작용했다고 말한다. 설립 후 10년도 못 되어 탐스라는 영리기업은 7억 달러가 넘는 제품을 팔았다. 고객이 또 다른 어떤 초월을 달성하게 해주는 브랜드로는 데이먼드 존Daymond John의 의류 브랜드 후부FUBU가 있다. 후부는 '우리 것은 우리가For Us By Us'의 첫 글자를 딴 것인데 시장에서 흑인 커뮤니티를 대표한다는 의미를 담고 있다. 후부는 고객에게 패션 이상의 것, 미국 흑인 커뮤니티의 결속과 초월, 기업가 정신을 제안한다.

스토리의 마무리

스토리브랜드 7단계 공식의 성공 칸은 스토리의 결론을 잘 맺기 위한 것이다. 인간은 자신이 가진 외적·내적·철학적 문제의 해결책을 찾는다. 이런 해결책은 지위나 각성, 자기 수용, 초월 등을 통해 달성할 수 있다. 사람들이 이런 것을 얻도록 브랜드가 도울 수 있다면, 마땅히 그런 측면을 브랜드 약속의 핵심으로 삼아야 할 것이다.

스토리의 결론을 제시하는 것은 생각보다 훨씬 간단하다. 웹사이트에 웃고 있는 행복한 사람들을 넣는 것도 스토리의 결론을 제시하는 강력한 방법이 될 수 있다. 사람들은 행복을 원하고, 이런 이미지는 우리 제품이 행복을 줄 거라고 약속한다.

깔개를 파는 회사에게 성공적인 결말은 아름다운 바닥 혹은 이제야 완벽하게 느껴지는 방이다. 아이스크림을 파는 회사에게 성공적인 결말은 천국처럼 풍부하고 부드러운 맛이다. 캠핑 장비를 파는 회사에겐 기억에 남는 모험이 성공적 결말이다.

이번 장에서는 다소 철학적인 얘기도 했지만 이 점을 지나치게 생각할 필요는 없다. 여러분의 브랜드는 고객의 삶에서 어떤 부분을 해결해주는가? 그게 해결되면 어떤 모습이 되는가? 기본적 대답에 충실하라. 기본적 대답이야말로 정말로 효과가 있기 때문이다. 능숙해지면 브랜드가 해결하는 더 깊은 수준의 문제로 뛰어들어라.

이번 섹션에서 중요한 것은 제품이나 서비스가 누군가의 삶을 더 좋게 만들 수 있다는 점을 반복해서 보여줘야 한다는 점이다. 브랜드가 그들을 어디로 데려가는지 말해주지 않는다면 사람들은 브랜드를 따라오지 않을 것이다. 스토리는 어딘가로 가야 한다. 고객을 어디로 데려가고 싶은지 말해주었는가?

- 마이스토리브랜드닷컴을 방문해 브랜드 각본을 만들거나 기존의 브랜드 각본에 접속하라.
- 브랜드가 달성을 돕고 있는 고객의 성공적 결말에는 뭐가 있을지 브레인스토밍을 실시하라. 우리 제품이나 서비스를 이용하면 고객의 삶은 어떻게 달라질까?
- 브랜드 각본의 성공 칸에 최선의 답들을 항목별로 기록하라.

브랜드 각본이 완성됐으니, 이제 고객들에게 가장 큰 구매 동기가 될 수 있는 것을 살펴보기로 하자. 바로 '다른 사람'이 되고 싶은 욕구다.

그 모든 것의 기초
고객이 진정 원하는 것

브랜드 각본의 7개 칸을 모두 채운 후에도 하나가 남은 것을 눈치챘을 것이다. 마지막 부분은 전체 브랜드 각본의 토대로서, 브랜드의 초점을 어디에 두어야 할지 파악하게 도와줄 것이다. 사실 지금까지 우리는 줄곧 고객이 가진 단 하나의 가장 큰 동기를 중심으로 주변부를 맴돌고 있었다. 이 동기야말로 인간이 내리는 거의 모든 의사 결정을 추진하는 원동력이다. 정원에 놓을 가구를 사든, 짝을 고르든 이 동기에서 헤어날 수 없다. 바로 인간의 '변신 욕구'다.

누구나 변화를 원한다. 누구나 다른 사람이 되고 싶다. 더 나은 사람, 아니 어쩌면 그냥 자신을 더 잘 받아들이는 사람이 되고 싶다. 브랜드 각본을 자세히 살펴보면 알 수 있을 것이다. 여러분의 브랜드는 사람들이 더 나은 자신이 되게끔 돕고 있다. 아름다운 일이다. 여러분은 사람들이 더 현명하고, 잘 갖춰지고, 건강하고, 더 잘 어울리고, 더 평화롭도록 돕고 있다. 좋든 싫든(좋기를 바란다) 모든 브랜드는 누구나 고객의 변신에 참여하고 있다. 이게 바로 고객이 원하는 일이다. 고객의 자아 정체성 변신에 이바지하는 브랜드는 열성적인 브랜드 추종자를 만들어낸다.

주인공은 변신을 원한다

스토리가 시작될 때의 주인공은 보통 흠결이 있다. 의심에 차 있고 자기 앞의 과제를 감당할 준비가 되어 있지 않다. 가이드가 도움을 주지만 여정에는 갈등이 가득하다. 하지만 이 갈등이 캐릭터를 변화시키기 시작한다. 어쩔 수 없이 행동에 나선 주인공은 적을 무찌르는 데 필요한 기술을 익히고 경험을 쌓아간다. 주인공은 아직도 의심하고 있지만 적에게 맞설 용기를 내고, 클라이맥스에 가면 악당을 무찔러 자신이 변했음을 증명한다. 이제 주인공은 얼마든지 난관을 감당할 수 있는 더 나은 자신이 된다. 스토리가 주인공을 변신시킨 것이다.

이런 캐릭터의 변신은 『노인과 바다』, 『오만과 편견』, 『피노키오』, 『햄릿』, 『잠자는 숲속의 공주』 같은 책이나 영화 〈크레이지 토미 보이〉에서도 볼 수 있다. 인기 있고 유명한 스토리들은 거의 모두 캐릭터의 변신을 품고 있다. 이유가 뭘까? 그것들이 바로 '우리' 스토리이기 때문이다. 스스로를 의심하는 것은, 유능하고 용감한 누군가가 되고 싶은 열망과 마찬가지로 보편적인 성향이다. 그래서 이런 것들은 제품이나 서비스의 브랜드를 만들 때도 모두 중요하다.

브랜드를 표현할 때 자문해야 할 중요한 질문이 몇 가지 있다. '고객은 누가 되고 싶어 하는가? 고객은 어떤 사람이 되고 싶어 하는가? 고객이 열망하는 정체성은 무엇인가?'

똑똑한 브랜드는 정체성을 판다

얼마 전에 창고에 선반을 하나 설치하려고 홈 디포Home Depot를 방문했다. 그런데 내가 찾는 공구 코너 옆에 거버Gerber 나이프 코너가 있었다. 거버는 오리건주 포틀랜드에 위치한 칼 제조회사로 다양한 주머니칼을 만든다. 그러나 거버의 광고를 보면 그들이 구매자에게 칼 이상의 것을 제안한다는 사실을 알 수 있다. 거버는 보이지 않는 것, 그러니까 어떤 정체성을 판다. 당신이나 내가 가질 수 있는 어떤 정체성, 그런 '사람'을 판다는 얘기다. 나는 오랫동안 거버의 광고를 유심히 지켜봤고, 그들이 무의식에 어떤 신호를 보내고 있는지 알면서도 그 칼을 하나 사고 싶었다. 대체 이유가 뭐란 말인가? 거버의 칼을 노려보며 속으로 생각했다. '나는 작가야. 나한테 칼이 필요한 경우라고는 땅콩버터 샌드위치를 만들 때뿐이야.'

그런데도 손에 잡힐 듯 생생한 유혹이 느껴졌다. 내가 보트 밑으로 헤엄쳐 가서 프로펠러에 엉킨 밧줄을 잘라내야 할 일이 생기면 어쩌지? 다친 팔을 지혈하기 위해 청바지 한쪽을 잘라내야 할 일이 생기면? 다행히도 사려고 했던 공구만 구매한 채 홈 디포를 나왔지만, 나는 그게 왜 그렇게 힘들었을까? 왜 그토록 그 칼이 갖고 싶었을까? 거버가 칼을 잘 만드는 것은 사실이지만, 좋은 칼을 만드는 회사는 거버 말고도 얼마든지 있다. 그리고 나는 한 번도 그런 회사에 관심을 가져본 적이 없다.

이유는 간단하다. 거버는 열망을 담은 정체성을 규정하고, 그들의 제품을 그 정체성과 연관시키기 때문이다. 거버 나이프 고객이 꿈꾸는 정체성은 터프하고, 모험을 즐기고, 겁 없고, 활동적이며, 힘든 일도 척척 해내는 사람이다. 거버의 광고 "말썽쟁이야, 안녕?"을 보면 잘 알 수 있다. 거버는 자사의 고객들을 폭풍 속에서 배를 운항하고, 황소 위에 올라타고, 홍수가 난 곳에서 사람들을 구조하고, 보트 프로펠러에 엉킨 밧줄을 잘라내는 사람으로 설정한다. 거버의 TV 광고를 보면 힘찬 음악을 배경으로 이런 열망을 불러일으키는 주인공이 등장하고 내레이터는 다음과 같은 말을 읊조린다.

말썽쟁이야, 안녕?
오랜만에 보는구나?
하지만 나는 네가 아직도 거기 있을 줄 알고 있었지.
어쩐지 네가 날 찾을 것 같더라고.
내가 널 잊어줬으면 했지?
하지만 날 잊은 건 아마 너일걸?
내가 널 찾으러 왔어야 했나 봐.

내가 누군지 네가 잊지 않게 말이야.[1]

멋진 광고가 아닐 수 없다. 그런데 하나만 물어보자. 내가 만약 이 칼을 샀다면 과연 돈 낭비였을까? 40달러를 주고 사서 한 번도 사용하지 않았다면 괜히 돈만 날린 것일까?

나는 스토리브랜드 마케팅 워크숍에 참석한 수백 명의 사람들에게 같은 질문을 했다. 대답은 늘 같았다. '아니다.' 그건 돈 낭비가 아니었다. 그 칼은 40달러의 가치가 충분했다. 나 역시 동의할 수밖에 없다. 갖게 된 것은 칼이지만 고객은 그 이상의 것을 얻는다. 거버는 고객이 더 나은 사람이 되게 만들었다. 열망을 담은 정체성을 규정하고 고객이 거기에 발을 내딛도록 초대했다. 그 정도면 40달러보다 훨씬 더 큰 가치가 있다.

고객의 정체성을 확인하는 방법

고객이 열망하는 정체성을 확인할 최선의 방법은 고객이 친구들에게 어떤 얘기를 듣고 싶어 할지 상상해보는 것이다. 한번 생각해보자. 남들이 내 얘기를 한다면, 나는 그 사람들이 뭐라고 말해주길 바랄까? 이 질문에 대한 답이 우리가 어떤 사람이 되고 싶은지를 밝혀준다.

고객도 마찬가지다. 우리 브랜드와 관련해서 고객은 친구에게 어떤 식으로 인식되고 싶을까? 고객이 그런 사람이 되도록 도울 방법이 있을까? 고객들의 정체성 변신에 기여할 방법이 있을까? 만약 경영진 코

칭을 전문으로 하는 회사라면 고객은 유능하고 관대하며 절도 있는 사람으로 보이고 싶을 것이다. 스포츠 장비를 파는 회사라면 고객은 활동적이고 건강하며 운동을 잘하는 사람으로 보이고 싶을 것이다. 고객이 어떤 사람이 되고 싶어 하는지를 알고 나면 이메일이나 블로그 등 온갖 마케팅 자료에 쓸 말이 생겨난다.

가이드는 제품이나 계획 이상의 것을 제안한다

가이드 역할을 자처하는 것은 단순한 마케팅 전략 이상의 일이다. 거기에는 마음이 필요하다. 고객의 여정에 헌신하기로 한 브랜드, 고객의 외적·내적·철학적 문제 해결을 돕기로 한 브랜드, 고객이 열망하는 정체성을 불어넣는 브랜드는 단순히 제품만 파는 게 아니라 삶을 바꿔놓는다. 제품을 파는 것보다 삶을 바꾸는 데 더 관심을 갖는 리더는 둘 다 잘하는 경향이 있다.

작년에 스토리브랜드는 램지 솔루션즈Ramsey Solutions의 데이브 램지 및 그 직원들을 컨설팅했다. 내가 아는 한 램지 솔루션즈는 내러티브를 기초로 한 회사의 가장 훌륭한 모범이며, 데이브 램지는 기막히게 훌륭한 가이드다. 여러 번에 걸친 워크숍과 만찬, 연설 등을 통해 우리는 램지 팀에게 스토리브랜드 7단계 공식을 소개했다. 교육이라기보다는 그들이 이미 하고 있던 일을 어떻게 부르는지 알려준 정도였다.

데이브 램지는 일일 청취자 수만 800만 명이 넘는, 미국에서 가장 큰 라디오 쇼의 호스트다. 프로그램에서 그는 개인 부채 공략 및 정복을 중심으로 한 금융 자문 및 전략을 제시한다. 그러나 많은 금융 자문들과는 달리 램지는 단순한 지혜 이상의 것을 제공한다. 바로 고객들이 몰입할 수 있는 '내러티브 지도'다. 쇼를 진행하는 도중 광고가 끝나고 돌아올 때마다 램지가 하는 말이 있다. "다시 데이브 램지 쇼입니다. 빚은 멍청이, 현금이 왕, 주택담보대출 청산을 선택한 사람이 BMW를 타는 사람보다 높은 지위를 인정받는 곳입니다." 바로 이런 것들이 스토리의 구성 요소다. 고객이 선택할 수 있는 정체성을 제시하고, 그와 함께 새로운 지위에 대한 상징을 부여한다.

책 표지나 쇼를 홍보하는 광고판을 보면 데이브의 얼굴이 두드러져 보이지만, 데이브는 결코 자신을 주인공으로 설정하는 법이 없다. 오히려 그는 집착에 가까울 만큼 청취자의 여정을 중시한다. 데이브는 청취자의 외적 문제(소비성 빚, 금융 무지), 내적 문제(혼란 및 절망감)뿐만 아니라 철학적 문제(필요 없는 것들로 인해 늘어나는 빚이 제기하는 도덕적 문제)까지 이해하기 때문에 청취자들은 생생한 이야기 속으로 빠져든다. 늘 재미난 이야기를 들려주는 데이브는 청취자들이 열망하는 정체성을 제공함으로써 용기를 주고 재무상태를 개선해준다. 그는 청취자들에게 경제적 난관과 맞서 싸워야만 강인한 인간이 될 수 있다는 사실과 약간의 전략과 노력만 있으면 인생에서 정복하지 못할 문제는 없다는 사실을 일깨워준다.

데이브는 고객의 스토리에 클라이맥스까지 만들어낸다. '금융 평화 대학Financial Peace University' 프로그램을 통해 그가 제안하는 계획을 실천한 청취자를 쇼에 초대해서 '빚 청산 비명'을 지르게 해주는 것이다. 쇼에 출연하려는 이들이 수천 마일 밖에서 찾아오면, 램지 팀의 직원 수십 명이 목표를 달성한 주인공을 둘러싸고 박수를 보낸다. 그러면 주인공은 이렇게 외친다. "나 이제 빚 없다!"

청취자의 여정이 끝나면 데이브는 그들이 이제 다른 사람이 되었다는 것, 옛날과 다르다는 것, 앞으로 그들이 이루지 못할 일은 없다는 것을 알려준다.

데이브를 처음 만났을 때, 놀랍게도 그는 주인공의 변신을 인정해주는 의식이 수많은 스토리의 말미에 들어간다는 사실조차 모르고 있었다.

클라이맥스('빚 청산 비명')가 지나면 가이드가 돌아와 주인공의 변신을 확인해준다. 영화 〈스타워즈〉에서 루크 스카이워커가 그의 용기에 대한 보상을 받을 때 오비완의 유령은 옆에 와서 서 있다. 영화 〈킹스 스피치〉에서 리오넬은 조지 6세에게 그가 훌륭한 왕이 될 것이라 말해준다. 영화 〈머니볼〉에서는 피터 브랜드가 빌리 빈을 앉혀놓고 그가 오클랜드의 단장으로서 홈런을 친 것이나 마찬가지라는 사실을 알려준다.

이런 장면들의 주된 목적은 주인공이 경험한 변신을 분명하게 지적함으로써 관객들이 스토리가 시작될 때의 주인공과 대조해볼 수 있게 하려는 것이다. 관객은 주인공이 그동안 얼마나 먼 길을 왔는지 직접 귀로 듣고 싶어 한다. 특히나 마지막까지도 의심과 싸우고 스스로 얼마나 변화했는지조차 모르는 주인공이라면 말이다. 다른 누군가가 스토리 속으로 들어와 주인공에게 그가 달라졌음을, 더 훌륭해졌음을 이야기해줘야 한다. 그 누군가가 바로 가이드고 브랜드다.

수십만 명의 금융 자문이 있다. 책을 낸 사람만도 수천 명은 될 것이고, 그중 수백 명은 팟캐스트나 라디오 쇼도 가지고 있다. 그러나 데이브 램지의 인기는 그들보다 훨씬 높다. 이유가 뭘까? 물론 그의 조언이 훌륭한 탓도 있다. 무능한 인물에게 끌리는 사람은 없기 때문이다. 하지만 데이브가 탁월한 이유는 그가 고객의 여정을 내러티브로 설정하고 고객들의 변신에 기여하기 때문이다.

정체성 변신

브랜드 각본 하단에 브랜드와 관련해 고객이 경험하는 정체성 변신을 규정할 칸을 만들어두었다. 우리 제품 및 서비스와 관련해 고객은 어떤 사람이 되고 싶어 할까?

우리 회사에서는 고객들이 마케팅 전문가가 되기를 바란다. 우리가 주최하는 워크숍에 참석하거나 '스토리브랜드 가이드'와 시간을 보낸 고객이 다시 사무실로 돌아갔을 때 사람들이 '저 사람한테 무슨 일이 있었던 거지?'라고 생각하길 바란다. 어떻게 저렇게 마케팅 귀신이 됐지? 어떻게 저렇게 생각이 분명해졌지? 어떻게 저렇게 좋은 아이디어를 내지? 메시지 전공으로 박사학위라도 따온 건가?

브랜드 각본의 성공 칸과 마찬가지로 열망하는 정체성 칸도 스토리의 끝이 어떻게 되는지를 보여준다. 다만 스토리가 어디로 가는지를 알려주는 게 아니라 주인공이 어떤 사람이 되었는지를 알려준다는 점이 다를 뿐이다.

고객이 감정으로 가득하고 변화를 갈망하고 도움이 필요한 '사람'이라는 사실을 깨닫는 브랜드들은 단순히 제품만 파는 게 아니다. 그들은 사람들을 변화시킨다. 데이브 램지는, 스타벅스는, 애플은, 탐스는, 거버 나이프는 사람들을 변화시킨다. 이런 브랜드들이 열정적인 추종자들을 거느리고 시장에서 승승장구하는 것은 오히려 당연한 일이다.

정체성 변신 사례

우리 회사와 함께 작업한 수많은 회사들이 고객이 열망하는 정체성을 규정하고 고객의 변신에 기여하기 시작했다. 이를 통해 점점 더 많은 회사들이 그 제품과 서비스를 통해 세상을 더 나은 곳으로 만들고 있다. 뿐만 아니라 이들은 고객이 자신을 바라보는 시각까지도 새롭게 변화시키고 있다. 고객이 열망하는 정체성을 제공하는 것은 브랜드가 제시하는 다른 모든 것에 더해서 어마어마한 가치를 추가해준다. 고객이 열망하는 정체성의 변신 사례를 몇 가지 들어보면 아래와 같다.

애완동물 사료 브랜드
처음: 수동적인 애완견 소유자
끝: 모든 애완견의 영웅

금융 자문사
처음: 혼란스럽고 정보가 부족한 사람

끝: 똑똑하고 능숙한 사람

샴푸 브랜드

처음: 불안하고 침울한 사람

끝: 걱정 없고 빛이 나는 사람

고객이 어떤 사람이 되기를 바라는지 생각해본 적 있는가? 고객의 변신에 한몫을 담당하게 되면 당신의 회사에 새로운 생명력과 의미를 부여할 수 있다. 팀원들도 자신이 제품 이상의 것을 판매한다는 것, 사람들이 더 큰 자기 확신을 가질 수 있게 돕고 있다는 것을 깨닫게 되면 일을 할 때 더 큰 의미를 느낄 것이다.

여러분의 회사는 과연 고객이 어떤 사람이 되기를 바라는지 한번 생각해보라. 어떻게 하면 고객이 스스로를 더 좋게 바라보게 할 수 있을까? 고객의 환골탈태 여정에서 브랜드는 어떤 역할을 할 수 있을까? 주인공의 승리만 돕는 것이 아니라 변신을 돕도록 노력하자.

──── **메시지가 분명해야 고객이 귀담아듣는다** ────

- 마이스토리브랜드닷컴을 방문해 브랜드 각본을 만들거나 기존의 브랜드 각본에 접속하라.
- 고객이 열망하는 정체성이 무엇일지 브레인스토밍을 실시하라. 고객은 누가 되고 싶어 하는가? 고객은 남들이 자신을 어떻게 인

식해주기를 바라는가?

- 브랜드 각본의 '끝' 칸에 열망하는 정체성을 규정하라. 그러고 나
면 '처음' 칸을 채우기도 쉬워진다. 뭐가 되었든 '끝' 칸에 기입한
정체성의 정반대가 '처음'이다.

🔵 캐릭터 변화

처음   끝

_____   _____

_____   _____

3부
나의 회사를
성장시킬 비밀 병기

시작 단계
웹사이트

마케팅 자료나 브랜드 메시지를 작성할 때 브랜드 각본의 내용을 그대로 실천한다면 고객의 관심이 한층 커질 것이다. 앞에서 만든 브랜드 각본의 내용은 회사 웹사이트와 이메일 광고, 브리핑, 세일즈 안내서에 계속 등장해야 한다. 기존 마케팅을 탈피해서 더 좋은, 새로운 자료를 만들어 고객의 손에 쥐어줘야 한다.

브랜드 각본의 내용을 얼마나 실천하느냐에 따라 이 제품이 왜 필요한지 고객들의 이해도가 달라진다. 더 많은 것을 실천하면 할수록 더 많은 고객이 귀를 기울일 것이다. 더 많은 것을 실행에 옮기면 더 분명한 소통이 이뤄질 테고 여러분의 브랜드가 더 돋보일 것이다.

3부에서는 크고 작은 기업들에게 브랜드 각본을 활용하는 구체적이고 실용적인 방법들을 알려주려고 한다. 영세 기업이든, 스타트업이든, 개인 브랜드든, 혹은 수십억 달러짜리 기업이든 간에 브랜드 각본을 작성하고 실천해서 근본적 변화를 경험한 수많은 기업의 사례를 통해 무언가 배우게 될 것이다.

웹사이트부터 시작하라

대부분은 마케팅에 수백만 달러를 쓸 여력이 없다. 그래도 상관없다. 요즘은 디지털 마케팅만 잘해도 상당한 관심을 끌 수 있기 때문이다. 디지털 마케팅에 성공하려면 분명하고 효과적인 웹사이트가 필수다. 웹사이트가 사람들의 구매 동기를 자극하는 유일한 도구는 아니지만 일반적으로 가장 큰 역할을 한다. 사람들이 브랜드의 얘기를 듣는 통로는 구전이나 소셜 미디어일 수도 있지만, 더 많은 게 궁금하다면 웹사이트를 방문한다. 웹사이트를 방문한 사람은 자신의 '희망 사항'이 인정받아야' 하고, 이 브랜드가 그의 문제에 대한 해결책을 갖고 있다고 확신할 수 있어야 한다.

간단히 말해, 모든 웹사이트는 '웅얼웅얼 테스트'에 합격하여 '그냥 둘러보러 온 사람'을 '구매자'로 바꿔놓아야 한다.

간단한 게 최고다

그동안 수천 개가 넘는 웹사이트를 검토하면서 느낀 점은 대부분이

지독한 소음이라는 사실이다. 웹사이트를 단순한 정보 센터로 이용하던 시대는 끝났다. 깨알만 한 글씨로 자신들이 하는 일을 몽땅 웹사이트에 게시하던 시절도 있었지만, 인터넷은 변했다. 지금의 웹사이트는 브리핑 장소 같은 역할을 해줘야 한다.

웹사이트는 회사가 보여주는 첫인상이다. 말하자면 첫 데이트와 같다. 고객이 알고 싶은 것은 그저 자신이 원하는 것을 여러분이 갖고 있는가, 그리고 그걸 해낼 수 있는 곳이라고 신뢰할 만한가 하는 점뿐이다.

입소문으로 성장한 회사라 하더라도 소음만 가득한 웹사이트는 오히려 잠재 매출을 갉아먹는다. 그만큼 웹사이트는 중요하다.

훌륭한 웹사이트의 조건을 다음 5가지로 요약해보겠다. 이 조건들은 마케팅의 시작에 불과하다. 하지만 이 5가지조차 제대로 해내지 못한다면 더 이상 발전하기는 힘들다. 가장 '기초'이기 때문이다.

웹사이트 필수 항목 5가지

1. 첫 화면의 제안

웹사이트를 방문하면 가장 먼저 보게 되는 것이 첫 화면의 이미지와 글씨다. 이 첫 화면을 영어로는 '어버브 더 폴드above the fold'라고 하는데, 신문을 반으로 접었을 때 위쪽에 실리는 스토리라는 뜻이다. 웹사이트에서는 스크롤을 내리기 전에 보게 되는 첫 화면의 이미지와 텍스트가 어버브 더 폴드에 해당한다.

앞서도 말했지만 첫 화면이 주는 메시지는 첫 데이트와 같다. 두 번째나 세 번째 데이트에서 공유하고 싶은 메시지는 스크롤을 내렸을 때 볼 수 있으면 된다. 하지만 앞서 말한 것처럼 첫 데이트에서 공유하고 싶은 내용은 짧으면서도 흥미롭고 전적으로 고객 중심이어야 한다.

최근에 아내가 온라인 멤버십을 선물로 받았다. 시애틀에 있는 어느 요리 교실에서 제공하는 멤버십이었다. 아내는 아주 기뻐했으나 요리 교실 웹사이트를 방문하고는 흥분이 싹 가신 눈치였다. 해당 웹사이트의 메인 페이지에는 아름다운 당근 케이크 사진이 있고, 그 밑에는 일부 사람들만 알아들을 수 있는, 〈왕좌의 게임〉을 보면서 먹는 것에 대한 농담이 써 있었다. 우리 부부는 그게 무슨 뜻인지 전혀 알 수 없었다. 아내는 자신이 받은 멤버십이 뭔지 설명을 해주겠지 하는 기대를 가지고 스크롤을 내려 영상을 클릭했다. 하지만 그 영상은 이 회사가 어떻게 설립되었는지 만화로 설명해놓은 것이었다. 조라는 사람이 카렌이라는 사람을 만났는데 둘 다 토드라는 사람의 친구였고 그들 모두가 요리를 좋아했다는 내용이었다!

전부 쓸모없는 정보들뿐이었다. 그 회사의 첫 화면에는 이 말이 쓰여 있어야 했다.

"저희는 여러분을 부엌의 프로로 만들어 드립니다!"

이 짧은 한 문장이 있었다면 우리는 그 회사가 뭘 제공하는지 쉽게 이해했을 테고, 심지어 남들한테 이 회사를 알려줄 때 쓸 수 있는 표현까지 얻어갔을 것이다.

그러나 이곳은 고객이 아주 힘겹게 노력해야만 어떤 서비스를 제공하는 회사인지 알 수 있었다. 그 때문에 잃어버린 고객이 얼마나 많을까? 공짜 멤버십이 아니었다면 아내도 중간에 포기했을 것이다.

고객은 웹사이트의 텍스트를 읽자마자 그 안에 자신에게 필요한 뭐가 있는지 단숨에 알 수 있어야 한다. 텍스트는 굵은 글씨로 써 있어야 하고 문장은 짧아야 한다. 읽기 쉬워야 하고, 여러 가지 버튼이나 잡동사니 아래에 묻혀 있어서는 안 된다. 얼마 전에 나는 스퀘어스페이스 Squarespace의 웹사이트를 방문했다. 거기에는 간단히 이렇게 적혀 있었다.

"멋진 웹사이트를 만들도록 도와드립니다."

완벽하다. 스퀘어스페이스는 메시지를 간결하면서도 와닿게 만들어야 한다는 사실을 알고 있었기에 지금도 수백만 달러를 벌어들이고 있다.

명심하라. 첫 화면에 사용하는 이미지나 텍스트는 아래의 기준 중 하나를 충족시켜야 한다.

- **열망하는 정체성을 약속한다.**

시애틀의 요리 교실은 내 아내를 부엌의 프로로 만들어주겠다고 하면서 '그녀 안에 잠재된 것이 무엇인지' 알려줄 수도 있었을 것이다. 열망하는 정체성에 호소하는 방법이다. 이곳은 고객이 무언가를 잘하도록 도와주는 회사인가? 고객이 당신과 거래하고 나면 딴 사람이 될 수 있는가? 만약 그렇다면 분명한 말로 표현하라.

- **문제를 해결하겠다고 약속한다.**

문제를 해결할 수 있다면 그렇다고 말하라. 고양이가 가구를 긁지 않게 만들 수 있는가? 차의 과열을 방지할 수 있는가? 머리카락이 얇아지는 것을 막을 수 있는가? 그렇다면 할 수 있다고 말하라. 고객은 당신 회사가 기업 소프트볼 대회에서 몇 번 우승했는지 알려고 당신의 웹사이트를 방문하는 게 아니다. 고객은 문제를 해결하러 왔다.

- **정확히 뭘 하는 회사인지 설명한다.**

웹사이트에서 할 수 있는 가장 쉬운 일이 정확히 뭘 하는 회사인지 설명하는 것이다. 우리 동네에 로컬 허니Local Honey라는 곳이 있다. 누구라도 이 지역에서 나는 꿀을 파는 곳이라고 생각할 것이다. 하지만 이곳은 그런 혼란을 극복하려고 얼른 설명을 만들어 붙였다. "옷 팝니다. 머리 합니다." 이제 나는 그곳이 뭘 하는 곳인지 머릿속에 정리가 되었고, 새 옷이 필요하거나 머리를 새로 해야 할 때가 되면 그곳을 떠올릴 수 있게 되었다.

여러분의 웹사이트를 한번 둘러보라. 고객에게 무엇을 제공하는지 분명히 드러나는가? 우리가 협업하는 회사들을 보면 무얼 제공하는지 자세히 말하기는 하는데 문단 중간에 나오는 경우들이 있다. "저희는 1979년부터 사업을 시작하여 고객을 성심성의껏 돌보고……." J. K. 롤링이 해리 포터 시리즈의 첫 작품을 이런 말로 시작하지는 않았을 것이다. "내 이름은 J. K. 롤링이라고 합니다. 저는 아주 오랫동안 책을 쓰고 싶어서……." 롤링이 오랫동안 책을 쓰고 싶어 했다는 사실은 해리 포터 스토리의 일부가 아니다. 롤링은 그걸 알 만큼 똑똑한 사람이었다. 롤링은 바로 본론으로 들어갔고, 독자들을 확 끌어당겼다. 당신도 똑똑해질 수 있다. 웹사이트의 첫 화면은 당신이 들려줄 스토리로 고객을 확 끌어당길 수 있는 확실한 수단이다.

2. 분명한 행동 촉구

여러분이 웹사이트를 만든 목적 자체가 '직접적 행동 촉구 버튼을 누르고 싶게' 만들기 위한 것이었음을 잊지 마라.

브랜드가 하는 일이 고객에게 봉사하고 세상을 더 좋은 곳으로 만드는 것이긴 하지만, 고객들이 '지금 구매하기' 버튼을 누르지 않는다면 사업을 접어야 할 것이다. 그러니 '지금 구매하기' 버튼을 잘 안 보이는 곳에 숨기는 일은 없어야 한다.

직접적 행동 촉구를 꼭 만들어야 할 주요 위치가 두 군데 있다. 하나는 웹사이트의 맨 위쪽 우측이고, 다른 하나는 첫 화면 한가운데다. 보통 웹사이트 위에서 고객의 눈길은 재빠르게 Z자를 그린다. 그러니 화면 좌측 위쪽에 회사 로고와 슬로건을 쓴다면 우측 맨 꼭대기에는 '지금 구매하기' 버튼을 넣어라. 화면 한가운데에는 제시하는 내용과 함께 다시 한 번 '지금 구매하기' 버튼을 넣어라. 이렇게 하면 무수한 소음을 뚫고 고객의 마음에 닿을 수 있고, 고객은 자기들의 스토리에서 여러분이 어떤 역할을 하는지 똑똑히 알게 될 것이다.

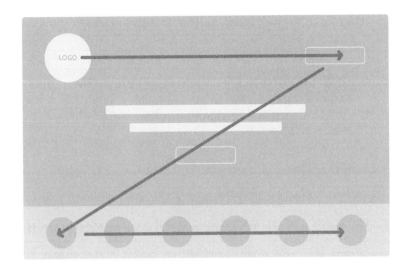

가장 좋은 방법은 '지금 구매하기' 버튼을 사이트 내의 다른 버튼들과는 다른 색으로 만드는 것이다. 이왕이면 밝은 색상이 더 도드라져 보일 것이다. 그리고 '지금 구매하기' 버튼 두 개는 완전히 똑같은 모양이어야 한다. 지나친 것 아닌가 하는 생각이 들겠지만 기억하라. 사람들은 웹사이트를 '읽는' 게 아니라 '훑는다'. 반복되는 테마처럼 '지금 구매하기' 버튼이 계속 나타나게 만들어야 한다. 사람들은 무언가를 충분히 많이 듣거나 읽어야 해당 정보를 처리할 수 있다. 그러니 가장 중요한 행동 촉구는 여러 번 반복하도록 하자.

전환적 행동 촉구 역시 분명해야 하지만, 직접적 행동 촉구로부터 시선을 뺏어서는 안 된다. 우리 회사의 경우 직접적 행동 촉구 바로 옆에 덜 밝은 색상으로 전환적 행동 촉구 버튼을 만든다. "나랑 결혼할래요?"와 "우리 또 만날까요?"가 나란히 위치할 수 있게 말이다. 기억하라. '주문하라'고 말하지 않으면 사람들은 주문하지 않는다.

BUY NOW   **DOWNLOAD PDF**

3. 성공의 이미지

브랜드가 만들어내는 메시지는 대부분 말이지만, 말이 전부는 아니다. 웹사이트에 사용하는 이미지 역시 무언가를 전달한다. 웹사이트를 찾아왔다가 회사 건물 사진만 보게 된다면, 고객의 정신적 능력을 아무 의미 없는 메시지에 낭비하는 셈이다. 물론 숙박업의 경우는 예외다. 하지만 업종이 숙박업일 때라도 건물 사진부터 보이게 만들지는 말자. 건물 사진은 두 번째 데이트에서 보여줘도 된다. 웹사이트에 나타나야 하는 것은 해당 브랜드와 거래함으로써 즐거운 경험을 가졌던 사람들(스토리를 마무리지은 사람들)이 행복하게 웃는 이미지다.

누구나 어떤 식으로든 더 나은 삶을 경험하고 싶어 한다. 단순해 보일지 몰라도 미소를 짓고 있거나 만족해 보이는 사람들의 이미지는 무언가를 전달한다. 바로 모두가 가고 싶어 하는 정서적 목적지이기 때문이다.

제품을 보여줘야 하는 회사도 많다. 하지만 그런 경우에도 미소 짓고 있는 사람들이 제품을 손에 들고 있다면 이미지에 더 큰 힘이 실릴 것이다. 물론 모든 사람이 웃고 있어야 하는 것은 아니다. 그렇게 되면 진정성이 의심스러울 것이다. 하지만 보통은 건강하고 행복하고 브랜드에 만족한 느낌을 전달해야 한다. 그 가장 쉬운 방법이 행복한 고객의 모습을 보여주는 것이다.

4. 매출 흐름을 먹기 좋게 잘라라

많은 회사가 공통적으로 겪는 어려움 중의 하나는 매출 흐름이 워낙 다양해서 어디서부터 시작해야 할지 난감하다는 점이다. 이런 어려움을 겪는 회사가 한둘이 아니다.

2년 전 협업했던 어느 회사는 중심 제품이 두 가지였다. 하나는 개인용 맞춤식 인생설계 과정 2일 코스였고, 다른 하나는 경영자 팀용 전략운영계획 과정 2일 코스였다. 별로 복잡하지 않다고 생각하겠지만 이 회사는 어느 쪽 상품으로도 제대로 돈을 벌지 못하고 있었고, 오히려 교육 진행자들을 훈련시키고 인증하는 일로 돈을 벌고 있었다. 이 회사는 각 상품에 대한 수요를 늘려서 더 많은 사람이 교육 진행자가 되고 싶게 만들어야 했다. 그러니 전혀 다른 세 가지 상품 모두에 관심을 증가시켜야 했다. 인생설계 상품과 전략운영 상품, 교육 진행자 인증 상품 말이다.

가장 먼저 해결해야 할 과제는 다양한 매출 흐름을 한데 묶어 전체를 포괄할 수 있는 메시지를 찾아내는 것이다. 인생설계 및 전략운영

상품을 취급하는 이곳의 경우 맞춤화된 계획을 필요로 하는 사람들의 욕구가 그 포괄적 메시지라고 판단했다.

우리가 웹사이트 첫 화면에 추천한 텍스트는 '맞춤형 계획이 성공의 열쇠입니다'였다. 그리고 배경이 되는 이미지로는 화이트보드에 계획을 그리고 있는 교육 진행자와 만족한 표정의 고객이 있는 사진을 골랐다. 잠재 고객이 스크롤을 내리면 두 가지 섹션을 골라서 볼 수 있었다. 개인용 인생설계 서비스와 기업의 전략계획이었다. 각 버튼을 누르면 두 개의 브랜드 각본을 통해 각각 필터링된 메시지를 보여주는 새로운 페이지로 연결되었다. 어느 페이지에서든 고객은 예약을 잡을 수 있었다. 하지만 사업을 성장시키는 열쇠는 각 페이지 위아래에 위치한 '전문 교육 진행자 되기' 버튼이었다.

사업이 너무 다양해서 분명한 소통이 힘들다고 생각할 수도 있다. 하지만 대부분은 해결이 가능하다. 전체 기업 내에서 다양한 브랜드로 나뉘어 각각 마케팅을 진행하는 경우도 있지만, 대부분은 포괄적 테마를 찾아낼 수 있다. 이런 포괄적 메시지를 일단 찾아내고 나면 사업부별로 다른 웹페이지와 브랜드 각본을 사용하면 된다. 핵심 열쇠는 '분명함'이다. 브랜드가 제공하는 게 뭔지 사람들이 이해할 수 있게 사업을 분명하게 나누면 고객이 길을 잃는 일 없이 각자의 모험을 선택할 수 있다.

5. 글자 수를 최소화하라

홈페이지를 '읽어보는' 사람은 없다. 사람들은 홈페이지를 그냥 '훑는다'. 첫 화면에 글이 한 문단쯤 적혀 있다면 사람들은 그냥 지나칠 것이다. 우리 회사는 일하다가 마케팅 카피가 필요하면 "모스 부호로 쓰라"고 말하곤 한다. 짧고 강력하게, 고객에게 와닿게 쓰라는 의미다. 그런데도 대부분의 회사는 텍스트를 너무 많이 사용하는 실수를 범한다.

'같은 부모로서 자녀에게 최고의 것만 주고 싶은 심정이 어떤 것인지 잘 압니다. 그래서 저희는 아이의 교육 여정 내내 부모와 선생님이 긴밀하게 협력하는 학교를 만들었습니다.' 왜 굳이 이렇게 말하는가? 그냥 "선생님과 매주 화상 회의를"이라고 쓰고 차별화 포인트를 5가지 항목 정도로 구분해 표시하면 될 텐데 말이다.

고객이 스크롤을 내리면 더 많은 말을 써도 된다. '더 많은 말'이란 여기저기 문장을 한두 개씩 배치하라는 얘기다. 가장 효과적인 웹사이트들을 보면 전체 페이지에서 문장은 10개도 안 되었다. 그것만 해도 트윗을 10번 보내거나 뉴잉글랜드 페트리어츠의 빌 벨리칙Bill Belichick 감독이 기자회견을 한 번 연 것과 맞먹는다.

무언가를 설명하기 위해 긴 텍스트를 사용하고 싶다면 처음 한두 문장이 끝나는 자리에 작은 글씨로 '더 보기' 링크를 만들어라. 그러면 원하는 사람은 펼쳐볼 것이다. 이렇게 하면 고객에게 너무 많은 텍스트를 퍼붓는 것을 피할 수 있다.

실험 삼아 브랜드 웹사이트에서 글자 수를 반쯤 줄일 수 있는지 한번 살펴보라. 텍스트 중에 이미지로 대체할 수 있는 것은 없는가? 전체 단락을 서너 개의 요점 항목으로 줄일 수는 없는가? 문장을 요약해 짧은 한마디로 줄일 수는 없는가? 이런 게 가능하다면 얼른 수정하라. 명심하라. 글자 수를 줄일수록 사람들이 읽어볼 가능성은 더 높아진다.

브랜드 각본을 준수하라

지금까지 웹사이트를 만들 때 가장 중요한 5가지를 살펴보았다. 물론 다른 중요한 사항들도 있다. 하지만 나머지 요령이나 전략을 모두 합해도 이 5가지만큼 큰 차이를 만들어내지는 못할 것이다.

작성한 브랜드 각본이 '드럼 세트'라면 웹사이트는 드럼 독주라고 생각하라. 웹사이트에 공유되는 단어 하나, 이미지 하나, 아이디어 하나도 브랜드 각본에서 나온 생각을 벗어나서는 안 된다. 스크립트에 있는 단어를 꼭 그대로 써야 하는 것은 아니지만 아이디어는 동일해야 한다. 스토리브랜드 7단계 공식에 포함되지 않는 내용을 웹사이트에 메시지로 포함시킨다면 잡음이 될 뿐이다.

다음 단계
조직 내부

지금까지 잘 만든 브랜드 각본 하나가 '고객'의 관심을 어떻게 바꾸어 놓을 수 있는지 살펴보았다. 하지만 브랜드 각본의 가치는 여기서 끝나지 않는다. 브랜드 각본은 '직원들'의 관심을 바꿔놓는 데도 활용될 수 있다. 조직이 클수록 어마어마한 함의를 가진 얘기다. 메시지가 분명하지 않을 때 혼란을 겪는 것은 비단 고객들뿐만이 아니다. 사업부장에서부터 지역총괄 매니저, 일선에서 최소 임금을 받는 노동자에 이르기까지 직원들 역시 혼란을 겪는다.

공허한 내러티브의 저주

혹시 알고 있는가? 모든 회사에는 망령이 있다. 모든 조직이 똑같이 이 사악한 영혼을 만난다. 이 망령은 복도를 어슬렁거리며 제압할 희생자를 찾는다. 나는 이 어두운 그림자를 '공허한 내러티브'라고 부른다.

공허한 내러티브는 모든 사람을 한 방향으로 이끌어주는 스토리가 없을 때 내부에서 발생하는 빈 공간이다. 극단적인 경우에는 공허한 내러티브가 조직 한가운데에 아예 자리를 잡고 앉아 갈가리 찢어놓는다. 여러 노력들이 뿔뿔이 흩어져 하나의 미션으로 통합되지 못하도록 말이다.

오랫동안 기업들은 '미션 선언문'이라는 신성한 문서를 이용해 공허한 내러티브를 쫓아내려 애썼다. 기업의 미션 선언문은 조직이 원하는 효과를 내기 위한 성배와 같은 것이다. 회사 경영진들은 수도승처럼 헌신적인 태도로 외딴곳에 모여 태블릿 PC에 한 자 한 자 힘겹게 글씨를 새겨나갔다. 나중에 읽어볼 일도 없고 이해하거나 적용하기는 힘든 글씨들을 말이다. 방향 잃은 스토리란 바로 이런 것이다. 미션 선언문이 실제로 회사가 미션을 성취하도록 도움을 주는 경우가 거의 없음은 두말할 것도 없다.

직원들이 혼란을 겪고 있지는 않는가?

다음 페이지에 나오는 도표는 공허한 내러티브에 감염된 조직의 단면을 보여준다. 오늘날 많은 기업들에서 찾아볼 수 있는 모습이다. 사내 여러 사업부들이 저마다 작은 세계를 이루고 있어 해당 사업부에서 하는 일은 그 안에 사는 사람이 아니면 제대로 이해할 수 없다. 이들은 혼자서 의사결정을 내리고 수요에 맞춰 전략을 짜야 한다. 이들은 그런 의사결정이 오직 자신들에게만 영향을 준다고 생각하지만 이들의 선택은 작은 파문을 만들어내 조직 전체로 퍼져나간다. 조직의 관점에서 보면 이건 종이에 벤 곳이 수천 군데라서 과다 출혈로 죽는 것과 같다. 보다시피 플롯 없는 곳에서는 생산성도 없다.

공허한 내러티브의 대가

1990년대부터 갤럽은 직원들이 자신의 직무나 회사에 대해 느끼는 몰입의 수준을 측정하기 시작했다. 측정된 수치는 깜짝 놀랄 만큼 낮았다. 조사에 따르면 전국적으로 자신이 하는 일을 정말로 좋아하는 직원은 5명 중 1명에 불과했다.[1] 이건 문제가 있었다. 여기에는 당연히 업무에 몰입하는 직원이 그렇지 않은 직원보다 자발적인 노력을 훨씬 더 많이 기울인다는 가정이 깔려 있다. 뿐만 아니라 업무에 몰입하는 직원은 병가를 내거나 이직을 할 가능성도 낮았다.

갤럽의 발견으로 생산성과 효율성의 차이로 기업들이 수억 달러를 잃고 있다는 사실이 드러났다. 2012년 갤럽은 이 때문에 미국이 치르는 비용이 연간 4,500억 달러에서 5,500억 달러에 이른다고 추산했다.[2] 물론 회사는 직원이 업무에 몰입하든 안 하든 똑같은 월급과 혜택을 주어야 한다. 그러니 조사 결과를 접한 기업 리더들이 전염병 같은 무관심 현상을 치료하기 위해 달려든 것은 당연한 일이었다.

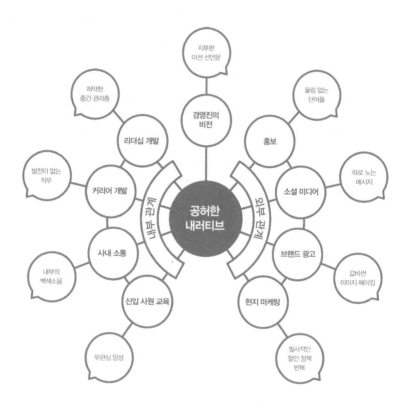

무관심이 그토록 커진 가장 큰 요인은 폭발적으로 증가한 정보 때문이었다. 앞서 말했듯 사람들은 하루에 3,000개 이상의 마케팅 메시지 세례를 받는다. 이는 마케팅 메시지만 따진 것이다. 마케팅 용도가 아닌 메시지(기사, 인터넷 포스트, 취향에 맞춘 뉴스 스토리)의 수는 그보다 더 많다. 1970년대와 비교해보라. TV 채널 3개와 지역 신문 하나밖에 없던 시절이 200개의 채널과 수백만 개의 뉴스 블로그, 팟캐스트, 인터넷 라디오, 트위터, 인스타그램, 페이스북, 스냅챗, 링크드인의 세상으로 바뀌었다.

그러는 동안 기업의 소통 방식은 오히려 퇴보했다. 직장에서 유대 관계의 원천이 되었던 개인적 소통은 줄어들고 그 자리에 재택근무와 출장소 근무, 화상 회의 등이 자리를 잡았다. 정수기 근처에 모여 정보를 주고받던 시절은 갔다. 이메일과 직원 포털 사이트까지 생겼지만 연구에 따르면 이런 채널을 읽는 사람은 거의 없다고 한다.

혹시 이런 백색소음이 공허한 내러티브를 낳는 온상일 수도 있지 않을까?

강력한 내러티브가 있으면 빛이 어둠을 몰아내는 것처럼 공허한 내러티브를 몰아낼 수 있다. 공통의 스토리를 중심으로 사내 활동을 조정하는 회사들은 미션을 '선언'만 하는 게 아니라 '추진'할 수 있다.

당신이 스토리를 안다고 해서
팀원들까지 다 아는 것은 아니다

그렇다면 브랜드 각본이 어떻게 이런 출혈을 멈출 수 있을까? 대부분의 직장이 어떤 식으로 돌아가는지부터 한 번 살펴보자.

많은 경우 누군가 입사하면 신입 사원 교육으로 실시한다. 브랜드 각본이 없는 경우 HR 담당자가 신입 사원을 맞아 사원증을 발급하고, 앉아서 10분간 성폭력 방지 영상을 시청하게 한다. 다음에는 함께 회사 매뉴얼을 훑어본 다음 어느 고위 간부의 사생활에 대해 가벼운 소문을 들려준다. 로비로 이동해서 회사의 미션 선언문을 읽어보고 신입 사원을 자리로 안내한다. 1시간 후 HR 담당자는 다시 자기 자리로 돌아와 있다. 끝이다.

이후 3년에서 5년 동안 이 신입 사원은 착실히 일을 하며 상사가 정해둔 실적 관리 기준을 충족시킨다. 보너스를 3회 받고 승진을 1회 하고 2년 연속 부서 내 최우수 사원에게 주는 상을 받으면서 6시 이후에는 일하지 않는다. 그는 비협조적인 사람들과도 함께 일하는 법을 배우고, 싸울 것은 싸우고, 타협할 것은 타협하며, 가끔씩 뜻하지 못한 결과도 받아들인다. 그러던 어느 날 헤드헌터가 전화를 걸어와 썩 나쁘지 않은 제안을 하면 인생의 다음 장으로 넘어간다.

문제를 일으킨 적도 없지만 대단한 일을 이룬 적도 없다. 회사 입장에서는 승리도 패배도 있었고 무승부인 경우도 몇 번 있었다. 마치 아무 일도 일어나지 않고, 아무도 신경 쓰지 않고, 팝콘마저 눅눅해지는 영화와 같다. 이 회사가 무관심으로 고생하는 게 과연 이상한 일일까?

이 스토리 속에서 공허한 내러티브가 느껴지는가? 중심부에 전체를 하나로 묶어줄 내러티브가 없기 때문에 이 회사에는 현 상태를 넘어서 신입 사원에게 의욕을 불어넣을 수 있는 게 아무것도 없다. 회사가 잘못한 것은 없다. 하지만 특별히 잘한 것도 없다. 경쟁적 환경에서 이런 식의 접근법으로는 오래 버틸 수 없다. 이게 바로 공허한 내러티브의 중독적 기만이다. 공허한 내러티브는 회사를 잠들게 만들고, 결국 죽음에 이르게 한다.

미션을 추진하는 방법

고객은 웅장한 스토리 속으로 초대받았을 때 관심을 기울이게 된다. 직원들에게도 같은 얘기를 할 수 있을까? 물론이다.

스토리브랜드를 바탕으로 한 강력한 내러티브가 있다면 평범한 업무도 대단한 모험이 될 수 있다. 모든 것을 한데 묶어주는 브랜드 각본이 있다면 위의 이야기는 아래와 같이 진행되었을 것이다.

지원도 하기 전에 예비 직원은 이미 이 회사가 멋지다는 소문을 들었다. 생동감이 넘치고, 이곳에서 일하는 사람들은 회사를 좋아하고 고객들도 이 회사를 좋아한다. 업계 내에서뿐만 아니라 커뮤니티 일반에서도 유능하다는 소리를 듣는다. 지도부는 존경을 받고, 여기 근무했던 전직 직원들조차 회사에 관해 이야기할 때면 애잔한 그리움이 묻어난다. 일하기 좋은 직장 목록에서조차 견줄 만한 곳이 거의 없을 정도다.

첫 번째 면접부터 지원자는 그런 소문이 어디서 시작되었는지 알 수 있었다. 채용 담당자는 미국 초창기 서부 지역을 탐험했던 루이스와 클라크라도 된 것처럼 회사를 설명해줬다. 그들이 여기까지 올 수 있었던 데는 흥미로운 캐릭터들이 있었다. 사업 목표는 반전에 반전처럼 들렸는데, 넘어야 할 산이 있고 건너야 할 강이 있었다. 폭풍우를 견디고 곰을 사냥하고 보물을 찾아야 했다. 채용 담당자는 회사의 내러티브를 구성하는 7가지 카테고리를 술술 설명하는 동안 한껏 신이 났다.

그렇다고 아무나 이 원정대에 합류할 수 있는 것은 아니다. 이 회사의 직원들은 속물이 되려는 사람들이 아니다. 그들은 자신들의 스토리에 충실하며 플롯을 훼손할 생각이 없다. 우연히도 이 지원자가 선발된다면 그것은 운명이라고 봐야 한다. 일에 대한 지원자의 생각이 즉시 한 단계 고양된다. 더 이상 지원자는 회사에서 무얼 '얻어낼' 것인가에만 골몰하지 않고, 그가 스토리 속으로 들어갈 수 있다면 어떤 사람이 될 것인가에 주목한다. 그는 이 회사에서 일하게 된다면 자신이 변화할 것임을 직감한다.

두 번째 및 세 번째 면접을 통해 지원자는 팀원 대부분을 만났다. 만나는 사람마다 지원자가 들었던 것과 똑같은 얘기를 들려주었다. 그는 이 스토리가 점점 마음에 들고, 자신이 반드시 이 스토리의 일부가 되어야 한다는 사실을 깨닫는다. 그래야만 삶에 온전히 만족할 수 있을 것이다. 누구나 그렇지 않은가.

마침내 첫 출근이다. 신입 사원 교육은 채용이라기보다는 입양 과정과 비슷했다. 교육 진행자와 좋은 시간을 보냈다. 진행자는 새로운 소규모 팀을 데리고 고객의 스토리를 설명하며 교육과정을 안내했다. 고객의 스토리 속에서 회사가 스스로를 어떻게 가이드로 설정하고 있는지 알려줬다. 놀랍게도 신입 사원 교육에서는 회사 자체보다도 고객에 대한 이야기를 더 많이 했다. 이 회사는 고객을 사랑하고 고객의 승리에 목매고 있다. 마침내 신입 사원은 비밀이 뭔지 알아낸다. 이 사람들은 사랑하는 고객들을 도우려고 여기 있다.

다음으로 우리의 신입 사원은 CEO가 신입 사원들을 위해 주최한 특별 오찬에 초대받는다. 오찬 중간에 CEO는 회사의 브랜드 각본에 기초한 짧지만 강력한 기조연설을 들려준다. 의욕을 샘솟게 만드는 기조연설을 통해 CEO는 고객에 대한 사랑을 전염시켰다. 모든 게 신입 사원 교육에서 배운 내용을 뒷받침했다. 대망의 피날레는 회사의 브랜드 각본에 기초한 짧은 영상이었다. 회사가 사업뿐만 아니라 개인들의 삶에도 놀라운 영향을 미치고 있다는 내용이었다. 신입 사원은 HR 담당자에게 이 영상의 링크를 구할 수 있는지 물어본다. 친구와 가족들에게 보내서 근사한 새 직장을 자랑할 생각이다.

이후 3년에서 5년 동안 신입 사원은 아직도 이곳을 알아가는 듯한 느낌을 받는다. 매달 그는 왜 이곳이 꿈의 직장인지에 대한 새로운 이유들을 발견한다. 고객들의 성공을 기념하는 사진들이 사방에 도배되어 있다. 매일 하는 업무는 지루하지 않고 구체적인 목표가 있어서 다른 팀들과 함께 고객을 좌절시키는 문제 해결에 매진할 수 있다. 동료들은 경쟁자가 아니라 든든한 커뮤니티다. 동료들은 세상을 바꾸는 스토리를 실천하는 동안 이 신입 사원이 번창하고 성장하기를 바라고, 고객들은 자신의 문제를 해결해주는 회사를 직접 둘러보려고 찾아온다. 헤드헌터들은 연봉 인상과 승진을 보장하는 일자리를 가지고 매달 전화가 온다. 하지만 이 사원은 늘 다시 전화하는 것을 잊어버린다.

전체적으로 회사의 직원들은 육체적으로뿐만 아니라 정신적으로도 늘 현재에 집중하고 있는 것처럼 보인다. 생산성은 높고 효율성은 자존심의 문제다. 이직률이 매우 낮은 덕분에 회사는 소중한 경험을 많이 축적하고 있고 이는 어지간한 회사들은 결코 깨닫지 못할 성과로 되돌아온다.

얼마나 통일성 있고 일관된 스토리인가? 그렇다고 해서 직원들이 독재자의 형편없는 비전을 추종하는 한 무리의 추종자들처럼 매일 아침 로비에 모여 찬가를 부르는 것은 아니다. 이들의 비결을 모르겠다면 모든 걸 그저 우연이라고 생각한 탓이다. 하지만 이 모든 것의 뒤에는 스토리의 힘을 이해하는 지도부가 있다. 지도부가 브랜드 각본을 만들고 회사의 면면에 그 내러티브를 실천하는 방법을 배운 덕분이다.

미션과 실적

미션 선언문이라는 아이디어 자체가 나쁜 것은 결코 아니다. 다만 그것 하나로는 충분치 않을 뿐이다. 실제로 사람들이 모여 하나의 회사를 이룰 때에는 미션이 꼭 필요하다. 다만 '선언문'으로는 미션을 스토리로 바꿀 수 없다. 그건 실제 영화는 보지 않고 영화 포스터에 쓰인 카피 하나만 읽는 것과 같다.

스토리브랜드의 '온미션On-Mission' 사업부 팀장 벤 오틀립Ben Ortlip은 대규모 조직 내에서 스토리브랜드 공식을 구현하는 일을 담당하고 있다. 몇 년 전에 아주 유명한 패스트푸드 체인이 벤의 팀을 찾아와 직원 몰입도를 높여달라고 했다. 당시 이 브랜드는 이제 막 매출 10억 달러 문턱을 넘어 5퍼센트 수준의 성장을 경험하고 있었다. 어지간한 사람이라면 견고한 흐름이라 판단했겠지만, 이 회사의 음식은 정말로 끝내줬고 직원들도 훌륭했다. 벤은 이 회사가 더 잘할 수 있다고 생각했다.

여러 주를 돌아다니며 식당의 뒤에서 이뤄지는 광경을 관찰해보니 무사안일주의가 스며들고 있는 게 분명히 보였다. 영업에는 전혀 문제가 없었다. 제품도 훌륭했고 마케팅도 효과적이었다. 문제는 이제 회사가 여러 방향으로 너무 커져서 더 이상 플롯을 찾을 수 없다는 점이었다. 영화가 너무 성공하니까 속편을 낸 것과 비슷했다. 스토리 자체가 억지스러운 느낌을 주게 되는 것이다.

공허한 내러티브를 없애는 것은 쉽지 않고 시간이 걸리는 일이다. 벤은 '소트머스피어thoughtmosphere'라는 말을 사용한다. 소트머스피어란 눈에 보이지 않는 신념과 아이디어가 합쳐진 것으로, 직원들의 행동과 실적을 좌우한다. 소트머스피어가 개선되기 위해서는 스토리브랜드에 기초한 내러티브를 만들고, 이야기 포인트를 개발하고 실천 계획을 통해 강화함으로써 모든 이해 관계자가 자신이 중요한 역할을 맡고 있음을 알게 해야 한다.

문제의 음식점 체인의 경우 우리는 영상 교육 과정과 일련의 지역별 미팅, 대규모 전국 컨벤션을 마련했다. 본사에서는 편안한 차림의 CEO가 직원들에게 상황을 업데이트하는 영상을 제작했다. 프랜차이즈 사장들의 워크숍에는 CEO가 직접 와서 회사 상황을 업데이트해주었고, 의욕을 불어넣는 강연자들이 회사의 내러티브를 이야기했다. 회사는 해변에서 관계자들만을 위한 콘서트를 열었다. 비슷한 미션을 실천하는 다른 브랜드들에 관해 토론하고 고객에게 봉사하는 훌륭한 작업들을 공개적으로 칭찬했다.

즉각적으로 회사 곳곳에서 변화를 감지할 수 있었다. 새로운 에너지가 넘쳤다. 오랫동안 소식을 듣지 못했던 사람들이 미팅에 모습을 드러냈고 다시 협력할 준비를 했다. 공허한 내러티브는 사라졌다.

그렇다면 구체적으로 회사는 성장했을까? 3년도 못 되어 이 회사는 5퍼센트 성장에서 30퍼센트 성장 수준으로 도약했다. 똑같은 사람들이 일하는 똑같은 회사였는데도 말이다. 매출 10억 달러의 회사에게 이것은 매년 수백만 달러의 수익을 의미한다.

경영자의 첫 번째 임무는 이해 관계자들에게 미션이 무엇인지 끊임없이 상기시켜주는 것이다. 그런데도 대부분의 경영자는 회사의 전체적인 내러티브가 무엇인지 제대로 설명하지 못한다. 경영자가 스토리를 설명할 수 없다면 팀원들은 자신이 어디에 맞는 사람이고 왜 그런지 결코 알아낼 수 없다.

회사가 미션을 제대로 찾으면 모두가 이긴다.

여러분의 회사는 미션을 추구하고 있는가?

진짜 미션은 '선언문'이 아니다. 진짜 미션은 사는 방식이고 존재하는 방식이다. 단순한 일회성 의식이 아니다. 직원들에게 주의하라고 이따금씩 당부하는 사항도 아니다. 미션은 전 부서의 전략과 세세한 모든 영업 방식과 고객의 모든 경험을 통해 강화해나가는 스토리다. 이것을 실행하는 회사가 바로 미션을 추구하는 회사다.

시작은 모두 브랜드 각본에서부터 출발한다. 우리 회사는 '온미션 프로그램'이라는 것을 만들었다. 큰 조직이 브랜드 각본을 맞춤식으로 실천할 수 있는 턴키turn-key 방식의 서비스를 제공하기 위해서다. 회사의 내러티브에서 필수 요소들을 중요 기능 부서에 할당함으로써 미션을 중심으로 한 조직 문화를 형성하고 직원 몰입을 키우는 것이 목표다.

우리가 여러 기업에게 안내하는 과정은 아래와 같다.

1. 지도부와 함께 브랜드 각본을 만든다.
2. 기존의 '소트머스피어'에 대한 감사를 받는다.
3. 맞춤화된 온미션 실천 계획을 만든다.
4. 실천 계획을 지원할 수 있게 내부 소통을 최적화한다.
5. 온미션 계획을 위한 자체 팀을 꾸린다.

온미션 기업은 다른 기업들과 뭐가 다르냐고 묻는 사람들이 있다. 답을 하자면 너무 많아서 리스트가 필요할 정도다. 행동유형론을 이용해 직업 적합성을 알아본다거나 '가상 정수기'라는 플랫폼을 도입해 동료 간의 유대감을 키우는 등, 한 번도 보지 못한 근사한 아이디어들도 포함되어 있다.

온미션 기업이 하는 일은 다른 기업들이 하는 일과 이상하리만치 비슷해 보인다. 그러나 중요한 것은 온미션 기업들은 모든 일을 할 때 공통의 질서정연한 내러티브를 중심으로 통일되게 움직인다는 점이다.

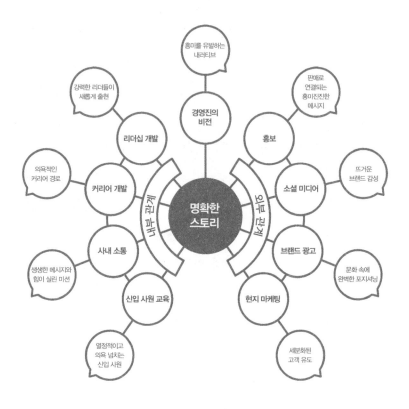

온미션 기업에서는 모든 팀원이 세일즈맨이다

온미션 기업의 가장 두드러진 특징은 브랜드 각본을 중심으로 사업의 기초적 구성 요소들을 동기화하는 데 집중한다는 점이다. 이 브랜드 각본은 모든 잡음을 걸러내고 매일 모든 이해 관계자들에게 그들이 하고 있는 일의 의미를 일깨워주는 역할을 한다.

직원들이 기업의 스토리를 이해하고, 경영자들이 다양한 소통을 통해 강화된 질서정연한 표현으로 그 내용을 간략히 설명할 수 있게 되면, 그 설명을 들은 잠재적 고객도 같은 얘기를 더 확산시킬 수 있게 된다. 짧은 이야기 형태의 아이디어를 의욕적인 팀원들이 서로 공유하면 무관심한 직원들의 뒤죽박죽 헷갈리는 설명보다 빠르게 확산된다.

온미션 브랜드는 직원들의 스토리를 이해한다

스토리브랜드 공식을 외적으로 마케팅에 활용하면 '고객 가치 제안'이 바뀐다. 내적으로 직원 몰입도 향상을 위해 활용하면 '직원 가치 제안'이 바뀐다. 직원 가치 제안에 따라 직원의 업무 몰입도가 달라진다. 보상을 늘리는 것도 가치를 높여주는 한 방법이지만 그것은 시작에 불과하다. 직원 경험을 향상시킴으로써 가치를 높일 수도 있고, 승진 기회, 인정, 일에서 찾는 의미, 동료애, 유연성 같은 것들을 통해 가치를 더해줄 수도 있다.

이를 위해 많은 브랜드 각본이 제작되었다. 고객을 겨냥한 외적인 브랜드 각본도 있지만, 리더십의 관점에서 전체 팀을 위해 작성한 브랜드 각본도 있다. 이런 브랜드 각본에서는 해당 팀이 주인공으로, 회사 지도부는 가이드로 설정된다. 보상 체계나 리더십 개발, 조직화된 이벤트 같은 것들은 모두 지도부가 직원들의 승리를 돕기 위해 만들어내는 '툴'이 된다. 팀원의 내러티브가 어디를 향하고 있는지 알지 못한다면 보상도, 교육도, 이벤트도 의미가 퇴색된다.

그동안 우리가 작업을 진행하며 발견한 바로는, 리더들은 주인공으로 보이고 싶어 했다. 정작 그들이 바라는 모든 것은 가이드 역할을 수행했을 때만 얻을 수 있는데 말이다. 사람들은 가이드를 존경하고, 사랑하고, 귀 기울이고, 이해하고, 따른다.

고객의 스토리와 기업의 스토리가 직원들의 스토리와 같은 방향을 향하면 수익성이 높아질 뿐만 아니라 힐링 효과를 가져온다. 미션을 추진하는 기업을 오랫동안 운영하고 나면 되돌아갈 수는 없다. 삶에는 시장을 지배하는 것 이상의 무언가가 있기 때문이다. 시장을 지배하는 것은 어려운 임무를 완수해낸 직원들이 그 목표를 개인적 꿈과 연동시킬 수 있을 때에만 아름다운 스토리가 된다.

당신의 브랜드는 미션을 추진 중인가? 당신과 대화하는 모든 이해관계자는 고객의 스토리와 그 스토리 속에서 회사가 수행하는 역할을 이해하고 있는가? 그리고 이 중요한 내러티브 속에서 각자가 맡은 역할을 이해하고 있는가? 그렇지 않다면 먼저 회사의 미션부터 분명히 하는 것이 반전의 첫 단계가 될 수도 있다. 회사만이 아니라 고객과 직원들, 그리고 스스로를 위해서도 말이다.

스토리가 없는 곳에 몰입은 없다.

최종 단계
회사를 위한
실천 로드맵

스토리브랜드 공식을 실천하고 회사를 성장시키기 위해
여러분이 돈 안 들이고 할 수 있는 5가지

자, 그러면 이제 어떻게 해야 하는 걸까? 브랜드 각본이 곧 실적으로
이어져 강력한 효과를 내려면 메시지들을 어떻게 이용해야 할까?

실천 로드맵은 브랜드 각본을 만들면서 달성한 것들을 실천하는 출
발점이 되어줄 가이드다. 아직 브랜드 각본을 만들지 않았다면 우리
워크숍에 참석하거나, 앞장으로 돌아가 이 책에 설명된 과정들을 하나
씩 따라 해보라.

브랜드 각본이 만들어지고 나면 웹사이트를 손보고 싶어질 것이다.
웹사이트는 사업을 키우기 위해 가장 먼저 취할 수 있는 중요한 단계
다. 웹사이트를 편집하면 사업을 키울 수 있을 뿐만 아니라 새로 만든
메시지의 기본적인 이야기 포인트를 이해하는 데도 도움이 된다.

웹사이트 편집 다음으로 가장 효과적인 단계가 바로 이 로드맵이다. 수많은 고객들과 작업해본 결과 소규모 자영업이든 수십억 달러짜리 회사든 관계없이 이 5가지 마케팅 및 메시지 작전이 웹사이트 편집과 함께 가장 좋은 결과를 보았다. 그리고 비용도 거의 들지 않는다.

사업을 성장시키기 위해 돈 안 들이고 할 수 있는 5가지를 소개한다.

1. '킬링 한 줄'을 만들어라

이 로드맵은 브랜드를 키울 수 있는 단 하나의 문장을 만들어낼 수 있는, 4단계로 된 공식을 알려줄 것이다. 당신은 이 문장을 외우고 누군가 뭘 하느냐고 물어볼 때마다 되풀이하게 될 것이다. 팀원들에게도 이 문장을 알려주고, 웹사이트나 이메일 서명, 심지어 명함 뒤에까지 활용하게 될 것이다. 사람들은 우리가 그들의 삶을 어떻게 더 좋게 만들어줄지 궁금해한다. 그런 사람들이 브랜드에 관심을 가질 수 있는 방식으로 말하는 방법을 배우게 될 것이다.

2. 고객 유치용 밑밥을 뿌려 이메일 주소를 수집하라

고객을 유치하려면 밑밥이 필요하다. PDF, 온라인 코스, 영상 시리즈, 웹 세미나, 라이브 이벤트 기타 무엇이든 이메일 주소를 수집하게 해줄 것들이 필요하다. 이것들을 통해 구매 가능성이 높은 고객들을 찾고 나면, 그 고객들의 문제를 당신의 브랜드가 어떤 식으로 해결해줄 수 있는지 직접적이고 권위 있는 방식으로 알릴 수 있다. 어쩌면 이 고객 유치용 밑밥이야말로 당신이 만드는 자료들 중에서 가장 중요한 것일 수 있다. 고객 유치용 밑밥을 만드는 요령은 이 로드맵에서 설명한다.

3. 자동화된 이메일 발송 캠페인을 만들어라

마케팅은 변했다. 초대형 기업들조차 이제는 이메일 광고를 포함하는 방식으로 광고 집행을 다양화하고 있다. 그렇다면 이메일 광고를 시작하기 가장 좋은 출발점은 어디일까? 결과가 가장 좋은 것은 단연 자동화된 이메일 캠페인이다. 여기서는 그 기초적인 내용을 소개한다. 이메일 주소를 수집한 뒤 초보자 육성 캠페인을 시작하고 나면, 마치 세일즈팀을 고용한 것 같은 효과를 보게 될 것이다.

4. 변신의 스토리를 수집하고 들려줘라

모든 스토리는 주인공의 변신에 관한 이야기다. 그동안 변신을 도와주었던 고객들의 스토리를 들려주면, 잠재 고객들도 브랜드가 제안하는 내용을 단번에 알아듣는다. 여기서는 변신의 스토리를 수집하는 방법과 구체적으로 고객에게 어떤 질문을 해야 하는지, 그리고 그런 스토리들을 어디에 사용해야 소비자들로부터 가장 큰 반응을 얻을 수 있는지 알려줄 것이다.

5. 소개가 늘어나는 시스템을 만들어라

잠재 고객을 실제 고객으로 바꿀 수 있는 시스템을 만들었다고 해서 임무가 끝난 것은 아니다. 마지막 단계는 만족한 고객들을 브랜드의 추종자로 변신시키는 것이다. 그러려면 만족한 고객들이 입소문을 내주는 경우 인센티브를 지급하는 시스템을 만들어야 한다. 실천 로드맵은 단계별 가이드와 함께 틀을 깨는 아이디어를 제공해 기존 고객들이 친구들에게도 당신의 제품과 서비스에 대해 이야기하게 만들어줄 것이다.

단계별 계획

실천 로드맵의 각 단계는 브랜드의 수익률을 높여줄 것이다. 더 많이 실천할수록 메시지는 더 분명해질 테고, 회사도 더 성장할 것이다.

이 로드맵을 실천하려면 몇 달, 심지어 1년이 걸릴 수도 있다. 하지만 걱정 마라. 각 단계별로 실질적인 결과를 보게 될 것이다. 이 로드맵을 체크리스트라고 생각하라. 스토리브랜드 7단계 공식을 이용해 브랜드 각본을 만들고, 웹사이트를 분명하면서도 흡입력 있게 손보고, 실천 로드맵에 있는 5가지 과제를 모두 실행하고 나면 비용도 절감하고 회사도 성장하게 될 것이다.

스토리브랜드 로드맵 과제 1 : '킬링 한 줄'을 만들어라

대부분의 비즈니스 리더들이 입을 여는 순간 매출은 줄어들기 시작한다. 누군가 무슨 일을 하느냐고 물었는데 눈을 이리저리 굴리며 "어, 그게 좀 복잡한데요"라든가 "어, 저희 할아버지가 회사를 세우셨는데……"로 답하는 순간 고객은 즉시 흥미를 잃을 것이다. 그러지 말고 무슨 일을 하느냐고 누가 묻든 상관없이 똑같이 답할 수 있는 문장 하나를 외워두자. 잠재적 고객의 욕구와 직결되는 내용으로 말이다. 그 내용이 얼마나 강력한지 답을 들은 상대방이 바로 명함을 달라고 할 정도라고 한번 상상해보라.

킬링 한 줄은 "무슨 일을 하십니까?"라는 질문에 더 잘 답할 수 있는 새로운 방법이다. 킬링 한 줄은 단순한 슬로건이나 표어를 넘어, 사람들이 왜 당신의 제품이나 서비스가 필요한지를 깨닫게 해주는 하나의 문장이다.

그 원리를 이해할 수 있게 다시 한 번 할리우드 각본을 참조해보자. 작가들이 스튜디오 경영진에게 각본을 설명할 때 통과되느냐 거절되느냐의 차이는 소위 '한 줄 요약(로그라인, logline)'에서 결정 나는 경우가 많다.

한 줄 요약은 영화 내용을 한 문장으로 설명하는 것을 말한다. 강력한 한 줄 요약은 각본을 팔아줄 뿐만 아니라 영화 개봉 때까지 계속해서 반복적으로 사용된다. 스마트폰에서 영화 앱을 스크롤해본 적이 있거나 뭔가를 찾으려고 넷플릭스Netflix를 훑어본 적이 있다면 분명 한 줄 요약을 읽어봤을 것이다. 예를 들면 아래와 같은 것들 말이다.

"학교가 생활의 중심인 조숙한 사립 고등학교 학생이 1학년 교사의
애정을 놓고 가장 성공한 유명 학교 선배와 경쟁을 벌인다."
　　　　　　　　　　　　　　　　　　　－〈맥스군 사랑에 빠지다〉

"대장장이 윌 터너는 괴짜 해적 잭 스패로우 선장과 힘을 합쳐 주지
사의 딸인 사랑하는 여인을 구출하기 위해 산 것도 죽은 것도 아닌 잭
의 옛 동료들과 맞선다."
　　　　　　　　　　　　　　　－〈캐리비안의 해적: 블랙 펄의 저주〉

"외딴 사막 출신의 순진하지만 야심찬 농장 소년이 말괄량이 공주
및 용병 우주비행사, 늙은 전사이자 마법사와 한 팀이 되면서 자신이
갖고 있는 줄도 몰랐던 힘을 발견하여 오합지졸 반란군을 이끌고 사
악한 은하제국의 불길한 힘에 맞서는 SF 판타지."
　　　　　　　　　　　　　－〈스타워즈 에피소드 4-새로운 희망〉

"무능하고 어리고 멍청한 자동차 공장 상속자가 새로 생긴 사기꾼
친척 및 대기업으로부터 회사를 지켜내야 한다."
　　　　　　　　　　　　　　　　　　　　　－〈크레이지 토미 보이〉

이런 한 줄 요약을 온전하고 효과적으로 만들어주는 요소는 뭘까?

바로 '상상'과 '흥미'다. 한 줄 요약은 스토리를 상상할 수 있도록 내용을 잘 요약하면서도 해당 영화가 보고 싶어질 만큼 흥미롭게 제시해야 한다. 우리가 회사를 위해 만들 킬링 한 줄도 영화의 한 줄 요약과 같은 역할을 한다. 구매 가능성이 높은 사람들에게 흥미를 유발하고 거래를 하도록 초대하는 것이다.

이제 회사의 모든 사람이 이 킬링 한 줄을 외운다고 상상해보자. 함께 일하고 있는 모든 사람이 세일즈 인력으로 전환되어 당신의 제품과 서비스에 관한 이야기를 퍼뜨리고 다닌다면 어떻게 될까? 킬링 한 줄을 만들어서 계속 반복하는 것은 브랜드가 하는 일에 관해 소문을 퍼뜨릴 수 있는 훌륭한 방법이다.

강렬한 킬링 한 줄을 만들기 위해 스토리브랜드 공식의 요약 버전을 사용할 것이다. 아래의 4가지 구성요소를 따라가면 강력한 킬링 한 줄을 만들 수 있다.

1. 캐릭터

2. 문제

3. 계획

4. 성공

킬링 한 줄이 꼭 한 문장일 필요는 없지만 4문장일 필요도 없다. 하나의 '진술'이라고 생각하면 된다. 위와 같은 4가지 아이디어를 소통하고 싶을 뿐이라고 말이다. 당신의 고객은 누구인가? 그들의 문제는 뭔가? 그들을 도와주려는 당신의 계획은 무엇인가? 브랜드가 도와주고 나면 고객들의 삶은 어떻게 달라질까?

4가지 요소를 더 깊이 있게 살펴보자.

1. 캐릭터

브랜드 각본을 만들었다면 캐릭터가 누구이고 그들이 뭘 원하는지 이해하는 과정에서 힘든 부분은 모두 끝낸 셈이다. 고객이 자녀 교육에 열성적인 엄마들이고 여러분이 판매하는 것은 필라테스 수업이라고 가정해보자. 킬링 한 줄은 "바쁜 어머니들이 매주 의미 있는 운동 시간을 가져 건강하고 활력 넘치는 기분을 느끼게 해드리겠습니다"가 될 수 있을 것이다. 은퇴 부부에게 휴가지 숙박시설을 판매한다면 "은퇴한 여러분에게 플로리다 별장에 쓸 돈은 아끼고, 따뜻한 해변과 고급 숙박시설은 그대로 즐기게 해드립니다"처럼 말할 수 있다. 위 예시들은 모두 캐릭터로 시작하고 있다. '바쁜 어머니들' 혹은 '은퇴한 여러분' 말이다. 사람들이 킬링 한 줄을 들었을 때 "내 얘기네!"라고 말할 수 있어야 한다.

2. 문제

앞서 말했듯이 스토리를 서로 연결해주는 것은 갈등이다. 따라서 고객의 난관을 반드시 언급해주어야 한다. 문제를 정의하면 고객은 속으로 이런 생각을 하게 된다. '그래. 저거 진짜 골치 아파. 이 브랜드가 정말 그 문제를 해결해줄 수 있을까?'

자녀 교육에 열성인 엄마들은 바쁜 스케줄 때문에 운동할 시간을 찾기가 어렵다. 은퇴한 부부는 플로리다에서 겨울을 보내고 싶지만 별장을 사기에는 비용이 부담된다. 문제를 정의하는 것이 꼭 필요한 이유는 그렇게 함으로써 스토리가 시작되고, 브랜드가 해결책을 찾게 도와줄 거라고 고객들이 의지하게 되기 때문이다.

3. 계획

킬링 한 줄에서 모든 계획을 설명할 수는 없지만 힌트는 줘야 한다. 운동이 필요한 어머니에게는 '매주 의미 있는 운동'이 계획이 될 수 있다. 은퇴한 부부에게는 타임 셰어 방식이 매력적일 수 있다.

고객이 킬링 한 줄을 읽고 계획 부분에서 '저런 식으로 체계적이라면 괜찮네. 가능할 수도 있겠어' 하는 생각이 들게 만들면 된다.

4. 성공

이 제품이나 서비스를 이용한 후 고객의 삶이 어떻게 달라질 것인지를 그려주는 부분이다. 자녀 교육에 열성적인 엄마라면 건강이나 행복, 매력 등이 성공을 뜻할 수도 있다. 플로리다에 별장을 희망하는 은퇴 부부라면 따뜻하고 즐거운 겨울처럼 간단한 내용도 성공일 수 있다.

킬링 한 줄이 실제로 얼마나 강력한 효과를 내는지 볼 수 있도록 위의 열혈 엄마들을 위한 킬링 한 줄을 만들어보자.

- **캐릭터**: 엄마들
- **문제**: 바쁜 스케줄
- **계획**: 짧고 의미 있는 운동
- **성공**: 건강, 다시 찾은 활력
- "저희는 바쁜 어머니들이 짧지만 의미 있는 운동을 할 수 있게 하여 건강을 유지하고 활력을 찾게 도와드립니다."

대부분의 기업 리더는 뭐라고 말할까? "체육관을 운영해요."

자녀 교육에 열성적인 바쁜 엄마가 이 킬링 한 줄을 듣는다면 귀가 번쩍 뜨일 것이다. 새로 만든 킬링 한 줄은 바로 그를 지칭하고 있고, 문제를 해결하고, 계획을 주고, 더 좋은 삶을 약속하기 때문이다. 이런 진술은 고객이 실제로 누릴 수 있는 더 좋은 스토리 속으로 고객을 초대할 것이다.

그렇다면 은퇴 부부의 경우도 생각해보자.

- **캐릭터**: 은퇴 부부
- **문제**: 고율의 대출을 다시 받아야 함
- **계획**: 타임 세어 옵션
- **성공**: 북부의 추운 겨울을 피할 수 있음
- "저희는 혹독한 추위를 탈출하고 싶어 하는 은퇴 부부에게 높은

이율의 대출을 받는 번거로움을 피하면서도 겨울에 플로리다의 따뜻하고 아름다운 날씨를 즐길 수 있게 해드립니다."

이 경우에도 대부분의 기업 리더라면 아마 이렇게 말할 것이다. "어, 그게 좀 복잡한데요. 몇 년 전부터 제가 부동산 관련 일을 하게 되었는데 둘째를 낳고 나서 플로리다로 이주를 했지요……" 지루하다. 소음이다.

스토리브랜드의 킬링 한 줄은 "대부분의 기업 리더는 자신의 회사에 관해 어떻게 말해야 하는지 모른다. 그래서 우리는 메시지를 단순화시키고 훌륭한 마케팅 자료를 만들고 고객과 관계를 쌓고 사업을 키울 수 있는 공식을 만들었다"이다. 다시 한 번 말하지만 킬링 한 줄이란 잠재적 고객을 회사가 말하는 스토리 속으로 끌어들일 수 있는 선명하고 반복 가능한 문장이다.

효과가 확실할 때까지 킬링 한 줄을 계속해서 편집하라

처음에 만든 킬링 한 줄은 어설픈 초안이라고 생각하라. 일단 적은 후에 반복적으로 시험해보자. 친구, 배우자, 잠재 고객, 심지어 스타벅스에 줄을 서 있는 낯선 이들에게도 시험해보자. 흥미를 느끼는 것 같은가? 제안하는 내용을 온전히 이해하는가? 만약 그렇다면 제대로 가고 있는 것이다. 명함을 달라거나 더 많은 정보를 물어본다면 제대로 만든 것이다.

킬링 한 줄 사용법

킬링 한 줄을 만들었다면 자유롭게 사용하라. 몇 가지 방법을 예시하면 아래와 같다.

1. 킬링 한 줄을 외우고 계속해서 반복하라

사업에 대해 횡설수설하는 데 너무 익숙해진 나머지 킬링 한 줄을 외운 대로 내뱉는 것조차 자연스럽지 않을 수도 있다. 영화배우가 되었다고 생각하고 킬링 한 줄을 외워라. 가장 중요한 한 줄의 대사라고 생각하라. 킬링 한 줄이 자신의 이름을 말할 때처럼 입에서 빠르게 나올 때까지 읽고 반복하라.

2. 직원들이 킬링 한 줄을 외게 하라

이번에는 직원들이 킬링 한 줄을 자기 것으로 만들 차례다. CEO부터 잔디 깎는 친구까지 전원 다 외울 수 있게 하라. 킬링 한 줄을 전 직원이 따라 할 수 있다면 직원들을 모두 바이럴 마케팅 요원으로 전환시킨 셈이 된다. 재미나게 진행하라! 킬링 한 줄을 벽에도 붙여놓고, 커피 잔에도 쓰고, 티셔츠에도 쓰고, 직원들이 매일 접하는 것이라면 무조건 써놓자. 그렇게 전 직원이 킬링 한 줄을 외우고 나면 모임에 가든 야구 경기를 보러 가든 전 직원이 분명하면서도 흡입력 있는 메시지를 퍼뜨리게 될 것이다.

하지만 마음의 준비는 해두는 게 좋을 것이다. 실제로 이게 얼마나 어려운 일인지를 알면 깜짝 놀랄 것이기 때문이다. 브랜드 이미지를 만든다는 것은 쉬운 일이 아니며, 시간이 걸리는 일이다. 5달러짜리 지폐 뭉치를 들고 다니면서 매일 사내에서 만나는 사람들에게 우리 브랜드가 무슨 일을 하는지 물어보라. 킬링 한 줄을 얘기한 사람에게는 빳빳한 5달러짜리를 상품으로 주라. 그러면 금세 사내에 소문이 퍼져서 킬링 한 줄을 적어둬야 되겠다고들 생각할 것이다. 끝날 때까지 1,000달러 정도가 들 수도 있지만, 장담하건대 브랜드 마케팅에 쓴 돈 중에서 가장 잘 쓴 1,000달러가 될 것이다.

3. 웹사이트에 포함시켜라

웹사이트에는 킬링 한 줄을 반드시 포함하라. 웹사이트 메인 섹션 아래에 작은 단락이라도 괜찮다. 킬링 한 줄을 적어두면 고객이 흥미롭다고 느끼는 스토리 속으로 잠재 고객들을 초대할 수 있다. 보는 사람이 분명히 읽고 넘어갈 수 있게 굵은 글씨로 눈에 띄게 적어라.

4. 모든 마케팅 자료에 킬링 한 줄을 반복해서 사용하라

좀 과한 거 아닌가 싶은 생각이 들 때까지 킬링 한 줄을 사용하라. 모든 마케팅에 킬링 한 줄을 넣어라. 고객이 모든 이메일을 다 읽고 매일같이 웹사이트를 방문하지는 않는다. 고객이 킬링한 줄을 듣거나 읽을 기회가 늘어날수록 당신의 브랜드가 그들의 삶을 어떻게 개선할 수 있는지 이해할 가능성도 더 높아진다.

명함이나 소셜 미디어 프로필에도, 이메일 서명에도 킬링 한 줄을 넣어라. 반복할수록 고객이 킬링 한 줄을 읽을 가능성도 높아진다.

성공한 스타 뮤지션이 되는 게 어떤 것인지 생각해본 적이 있는가? 대중이 우러러보고 스타 대접을 받는 것은 좋겠지만 무대 위에서의 삶은 꽤나 반복적일 것이다. 나는 종종 제임스 테일러가 수십 년간 밤마다 〈파이어 앤 레인Fire and Rain〉을 반복해서 부르는 게 얼마나 힘들까 하는 생각을 한다. 더 힘든 건 노래를 이메일로 보낼 수도 없다는 점이다. 밤마다 그곳에 모인 군중은 다른 사람들이고 그는 1970년에 처음 나온 노래를 매번 새로운 열정과 에너지로 불러야만 한다.

그게 바로 성공의 법칙이다. 제임스 테일러가 똑같은 노래를 반복해서 부르는 이유는 그가 대중을 위해 노래하는 사람이기 때문이다. 그는 천재적인 아티스트지만 프로 연주가이기도 하다. 프로는 고객을 기쁘게 하는 일을 하고, 비용을 감당하고, 브랜드를 키운다.

킬링 한 줄을 얼마나 자주 말해야 하는 걸까 하는 생각이 들면 스스로를 성공한 뮤지션이라고 생각하라. 아마추어는 횡설수설하면서 자신이 원하는 걸 연주하고 말하지만, 프로는 관객이 원하는 것을 보여준다. 당신이 만든 킬링 한 줄은 히트곡과 같다. 고객이 브랜드의 킬링 한 줄을 완전히 외워서 친구들에게 말할 수 있을 때까지 계속 반복해서 말해야 한다.

스토리브랜드 로드맵 과제 2 :
고객 유치용 밑밥을 뿌려 이메일 주소를 수집하라

질문 하나: 지금 당신이 가지고 있는 것 중에 가장 신성하고 사적이고 개인적인 것은 뭘까? 남들이 여과 없이 다 들여다볼 수 있다고 생각하면 오싹해지는 단 한 가지는?

아마 스마트폰일 것이다. 생각해보면 그 작은 기기 안에는 사진, 텍스트, 앱 등 당신의 삶이 끔찍하리만치 많이 저장되어 있다. 그리고 또하나 스마트폰에 저장된 것이 있다. 삶의 무수한 측면으로 통하는 게이트 역할을 해줄 중요한 계정, 바로 이메일 계정이다.

고객들도 마찬가지다. 이메일 계정은 우리가 가진 것 중에 가장 신성하면서도 개인적인 것이다. 그런데 바로 그 채널을 통해 고객과 직접 연결될 수 있다면 어떨까? 그토록 개인적인 방법으로 연락해도 좋다고 고객들이 선뜻 허락해준다면?

그게 바로 이메일 마케팅이다. 이메일은 브랜드가 무슨 일을 하는지 널리 알릴 수 있는 가장 귀중하고도 효과적인 방법이다. 특히나 회사가 매출 500만 달러 이하 규모이고 마케팅 예산이 크지 않다면 말이다. 내 트위터 팔로워 수는 수십만 명에 이르고, 페이스북 팬도 그 정도되지만, 이메일을 통해서 직접 업데이트나 새로운 제안을 하는 것에 비하면 그 효과는 비교조차 되지 않을 것이다.

뉴스레터 가입 신화

우리 워크숍에 참석하는 비즈니스 리더들은 대부분 이메일이 효과가 없다고 생각한다. 자기네 회사의 뉴스레터에 가입하는 사람이 너무 적기 때문이다. 나쁜 소식을 전해주고 싶지는 않지만, 사실 뉴스레터에 가입하고 싶은 사람은 아무도 없다. '정보 전달 범위'에 들어가고 싶어서 어딘가에 가입하고 싶은 사람이 누가 있을까. 그런 제안은 아무런 가치도 약속하지 못한다. 그냥 스팸 메일이나 받아보라는 것이니까.

그렇다면 어떻게 해야 사람들을 회사의 이메일 리스트에 가입하게 만들 수 있을까? 반대급부로 무언가 가치 있는 것을 주어야 한다. 뉴스레터라는 막연한 제안보다 더 가치 있는 어떤 것을 제안해야 한다. 그 '어떤 것'이 바로 '고객 유치용 밑밥'이다. 자석처럼 사람들을 사업에 끌어들이고 행동하게 만드는 수단이다. 스토리브랜드 공식에서는 이것을 '전환적 행동 촉구'라고 부른다. 기억날지 모르지만, 전환적 행동 촉구는 잠재적 고객에게 데이트나 한번 하자고 말하는 것과 같다. 당장 결혼을 약속하자는 게 아니라 잠깐 만나보자고 청하는 것이다.

거부할 수 없는 밑밥을 까는 방법

오늘날 시장의 소음과 싸우려면 브랜드가 만든 밑밥은 다음 두 가지 요건을 충족시켜야 한다.

1. 고객에게 어마어마한 가치를 제공한다.
2. 우리 회사를 이 분야의 권위자로 만든다.

우리 회사가 설립 첫해에 밑밥으로 사용한 것은 '웹사이트에 꼭 포함되어야 할 5가지'라는 제목의 다운로드할 수 있는 간단한 PDF 파일이었다. 그런데 이게 놀라운 성공을 거뒀다. 4만 명이 넘는 사람들이 이 파일을 다운받았고, 덕분에 우리는 그들에게 스토리브랜드 마케팅 워크숍이 곧 열린다고 알려줄 수 있었다. 나는 우리 회사가 매출 200만 달러 고지를 넘어선 것은 순전히 이 밑밥 하나 덕분이었다고 생각한다. 이를 기화로 우리는 '5분 마케팅 변신'(http://fiveminutemarketingmakeover.com)이라는 무료 영상 시리즈를 만들었고, 이 영상들은 스토리브랜드의 고객 유치 방법을 한 차원 더 높은 곳으로 끌어올렸다. 더 이상 거래를 성사시키려고 아등바등 애쓸 필요가 없었다. 이제 우리는 매출원에 따라 각각의 고객 유치용 밑밥을 만들었다. 그걸 통해 고객들을 관심사에 따라 세그먼트로 나누었고, 각 고객층의 다양한 문제를 해결할 여러 가지 상품을 제안할 수 있게 됐다.

밑밥으로 사용할 수 있는 수단에는 끝이 없다. 함께 작업했던 기업들을 보면, 고객의 이메일 주소와 교환하기 위해 제안할 수 있는 가치 있는 정보와 서비스를 생각해내는 데 믿기지 않을 만큼의 창의성을 발휘했다. 우리가 혹은 우리 의뢰인들이 만들어낸 밑밥 중에서 가장 효과적이었던 것은 다음 5가지다.

어떤 유형의 기업이든 쓸 수 있는 5가지 고객 유치용 밑밥

1. 다운로드 가능한 가이드

놀랄 만큼 저렴하게 고객들을 끌어올 수 있는 방법이다. 스토리 브랜드가 출범할 때 사용한 방법이기도 하다. 내용은 구체적이어야 한다. 지역 농산물 판매업자라면 월별 레시피나 정원 가꾸기 가이드를 제안하라.

2. 온라인 강좌 또는 웹 세미나

지금은 그 어느 때보다 쉽게 짧은 온라인 강좌나 웹 세미나를 만들 수 있다. 전문 분야가 있어서 시장에서 브랜드를 전문가로 포지셔닝하고 싶다면 이메일 주소의 교환 대가로 무료 온라인 교육을 제안하라. 그러면 전문가로서의 인식도 높일 수 있고, 돈독한 관계도 쌓을 수 있으며, 고객의 신뢰도 얻을 수 있다.

3. 데모용 소프트웨어 또는 무료 체험

수많은 기업에게 기적 같은 효과를 가져다준 방법이다. 1990년 대 초 AOL은 45일간 1,000시간 동안 인터넷을 무료로 체험할 수 있는 데모 CD를 우편으로 보내주었다. 그게 마법 같은 효과를 만들었다. 이후 인터넷은 많이 달라졌지만 마케팅의 법칙은 바뀌지 않았다.

4. 무료 샘플

간편 조리식을 주문할 수 있는 블루 에이프런Blue Apron이라는 업체는 더 많은 고객을 유치하기 위해 '무료 샘플 식사' 쿠폰을 주면서 친구나 가족들에게 보내도록 해준다. 그러면 쿠폰을 전달 받은 사람들 다수가 이 음식을 먹어보게 되고 결국은 구매자가 된다.

5. 라이브 이벤트

펫코Petco 같은 대형 펫스토어를 방문해봤다면 무료 강아지 훈련 프로그램에 초대하는 글을 본 적이 있을 것이다. 소규모 사업이라고 해도 분기별 수업 같은 것을 주최한다면 구매 가능성 높은 고객들의 데이터베이스를 쌓을 수 있다.

아직도 모르겠다면? 베껴올 만한 아이디어들

고객 유치용 밑밥의 효과를 극대화하는 핵심 열쇠는 '거부할 수 없는' 제목을 붙이는 것이다. 내가 목격했던, 효과가 확실한 몇 가지 예를 들어보면 아래와 같다. 바퀴를 다시 발명할 필요는 없다. 이미 증명된 사례들을 활용해 비슷하게 만들어라.

"처음 100만 달러를 번 사람들이 저지르는 5가지 실수"

어느 금융 자문이 만든 다운로드 가능한 PDF 형식의 가이드다. 이 금융 자문은 새롭게 부자가 된 젊은 고객들을 찾아 금융 설계를 도와주려 했다.

"꿈에 그리던 집을 지을 때 유의해야 할 10가지"

어느 건축설계사가 만든 무료 전자책이다. 이 설계사는 직접 설계한 집을 갖고 싶어 하는 가족들의 가이드 역할을 자처했다.

"한 달에 한 가지 새로운 칵테일 만들기"

놀랍게도 정원용품점이 주최한 월간 이벤트였다. 참석자들에게 술에 간단한 시럽과 허브를 넣어 칵테일 만드는 법을 알려주었다. 가게를 중심으로 커뮤니티를 만드는 것이 행사의 목적이었다. 사람들이 수업에 참석하고 싶어 했기 때문에 사업은 번창했다.

"전문 강연자 되기"

전문 강연자가 되고 싶어 하는 사람들을 위해 스피치 코치가 만든 무료 온라인 강좌다. 이 강좌 덕분에 사람들은 그의 코치 수업에 장기 등록했다.

아이디어는 끝도 없다. 고객 유치용 밑밥이 뭔지 알았으니 사방에서 이런 밑밥이 눈에 들어올 것이다. 밑밥으로 쓸 수 있는 것에는 뭐가 있는지 각자의 목록을 만들어 계속 업데이트해나가기 바란다. '이거다!' 싶은 게 있으면 각자의 버전으로 직접 만들어보라. 이때 유의할 점은 '지나친 분석으로 마비'되지 않는 것이다. 가장 시작하기 좋은 지점은 다운로드 가능한 PDF 형식의 가이드를 작성해보는 것이다. 글을 잘 못 쓴다고 해도 걱정할 필요는 없다. 대신 써줄 사람을 고용할 수 있기 때문이다.

진행 과정은 간단하다. 카피라이터와 인터뷰를 통해서 당신의 전문 분야를 설명하면 해당 카피라이터가 살을 붙여서 콘텐츠를 만들어줄 것이다. 그러면 최종 버전을 디자이너에게 보내 파일을 만들면 된다. 빠르고 저렴한 가격으로 끝내는 동시에 어마어마한 성과를 볼 것이다.

대체 얼마만큼의 가치를 공짜로 제공해야 하나요?

가장 자주 받는 질문 중 하나다. 그러면 나는 이렇게 답한다. '최대한 인심을 써라.' 내가 알기로 가치 있는 콘텐츠를 무료로 제공한 것이 손해가 된 적은 단 한 번도 없다. 콘텐츠를 한 번 사용해본 사람은 기꺼이 돈을 내고 워크숍에 참석하거나 전문 진행자를 고용해 자신의 속도에 맞게 정보를 배우려고 한다.

다운로드 가능한 PDF를 만든다면 콘텐츠 분량은 세 페이지 정도로 유지하라. 그리고 그 세 페이지 안에 최대한 많은 가치를 담아라. 그러면 미래의 고객은 당신의 브랜드를 해당 문제에 관해 '믿고 찾아갈 사람'으로 생각하게 될 것이다.

마케팅 전문가들이 자주 하는 말이 있다. 사람들에게 '이유'를 나눠주고 '방법'을 팔아라. 즉 잠재 고객에게 특정 이슈에 관심을 가져야 할 이유를 알려준 다음, 툴을 제공하거나 단계별 실천법을 알려주면 된다는 말이다. 인심은 최대한 후하게 써야 한다는 게 내 개인적인 의견이다. 우리 회사에서는 분명 '이유'를 나눠주기도 하지만 '방법'도 많이 나눠준다. 고객에게 인심을 써서 손해를 본 적은 한 번도 없다.

처음에 이메일 주소가 몇 개나 되어야 하나요?

흔히들 하는 질문이다. 그러면 나도 흔한 답으로 응수한다. '경우에 따라 다르다.' 금융 자문을 제공하는 사람이라면 이메일 주소를 500개 정도 수집하면 좋을지 모른다. 하지만 그러려면 수년이 걸릴 수도 있다. 전국적으로 혹은 글로벌로 사업을 하는 기업이라면 수십만 개의 이메일이 있어야 인구 유형별로 세그먼트를 나눌 수 있다. 하지만 연매출 50만 달러 이하의 사업체라면 구매력 높은 이메일 주소가 250개 정도만 되어도 성과를 볼 것이다.

고객 유치용 밑밥을 어디에 표시하나요?

웹사이트에 얼마든지 많이 실어라. 방문자가 접속한 후 10초 후에 팝업 창으로 표시되는 쪽을 추천한다. 팝업 창이 불만인 사람도 많지만 통계를 보면 그 어떤 유형의 인터넷 광고보다 효과가 확실하다. 다만 10초 정도 간격을 두도록 하라. 팝업이 즉시 떠오르는 것은 좋지 않다. 가게 문을 열고 들어가자마자 세일즈맨이 공격적으로 다가오는 것은 별로다.

농사를 지을 때와 마찬가지로 건강하고 쓸모 있는 이메일 리스트를 구축하는 데는 시간이 걸린다. 하지만 훌륭한 시간 투자가 될 것이다. 오늘 당장 시작하라. 1년 후에는 오늘 시작한 것을 고마워할 것이다.

스토리브랜드 로드맵 과제 3 :
자동화된 이메일 발송 캠페인을 만들어라

20대 중반에 출판사에서 일하고 있던 나는 파일메이커 프로 FileMaker Pro라는 소프트웨어를 알게 됐다. 우리는 이 소프트웨어를 이용해 데이터베이스와 주문을 관리했다. 어느 날 이 소프트웨어를 만지작거리며 몇 시간을 보내던 나는 매달 누가 가장 많은 주문을 냈는지 확인할 수 있을 뿐만 아니라 그 사람들에게 편지도 보낼 수 있다는 사실을 알게 됐다. 지금이야 이게 기본적인 마케팅 수단이지만 당시만 해도 비교적 새로운 기술이었다. 나는 매달 우리 책을 가장 많이 주문한 회사들에게 인쇄된 편지를 200통씩 보냈다. 이 간단한 활동 하나가 수많은 사업으로 연결됐고, 회사가 성장하는 밑거름이 됐다. 고객들에게 쓴 편지 내용이라고는 잘 쓴 세일즈 카피뿐이었다. 어릴 때 캠핑을 갔던 얘기를 쓴 적도 있었다. 무슨 엄청난 플롯이 있었던 것도 아니다. 하지만 되돌아보면 그렇게 형편없는 편지조차 사업을 키우는 데는 효과가 있었다. 우리 고객들이 했던 일이라고는 책상에 쌓인 우편 더미에서 편지를 꺼내 버리는 것뿐이었는데도 말이다. 그렇다면 어떻게 우리 회사는 성장하게 된 걸까?

지금 생각해보면 최고 고객들은 매달 우리가 존재한다는 사실을 깨닫게 되었던 것 같다. 고객들이 그 편지를 쓰레기통에 버릴 때마다, 뜯어보지 않았어도 봉투에 박힌 우리 로고를 볼 수밖에 없었을 것이다.

물론 콘텐츠는 중요하다. 하지만 고객들에게 단순히 우리가 존재한다는 사실을 일깨워주는 것만으로도 엄청난 영향력이 있다. 당시 나는 어리고 미숙했으니 소 뒷걸음치다 쥐 밟은 꼴이었다. 고객들은 오늘 제품이 필요하지 않을지라도 내일 다시 필요해질지도 모른다. 고객들이 제품을 필요로 하는 바로 그날에 당신이 누구이고 무얼 갖고 있고 어떻게 연락하면 되는지 기억하면 된다.

잠재 고객에게 가치 있는 이메일을 정기적으로 보내라

DM(다이렉트 메일)의 시대가 완전히 끝난 것은 아니지만, 대체로 이메일이 그 자리를 대체했다. 고객 유치용 밑밥을 통해 이메일 주소를 수집했으니 다음 단계는 자동화된 이메일 캠페인을 만드는 것이다.

자동화된 이메일 캠페인은 고객들에게 이 브랜드가 존재한다는 사실을 일깨워줄 수 있는 멋진 방법이다. 그리고 고객이 우연히도 당신의 이메일을 열어본다면(실제로 얼마나 많은 사람이 이메일을 열어보는지 알면 깜짝 놀랄 것이다) 당신의 브랜드가 들려주는 스토리 속으로 고객들을 초대할 훌륭한 방법이 된다.

자동화된 이메일 캠페인은 누군가 브랜드의 이메일 목록에 추가되는 순간 발송되는, 미리 작성되어 있는 일련의 이메일 메시지다. '자동 응답 시리즈'라고도 하지만 핵심은 사람들을 판매로 이어지는 내러티브 속으로 초대하는 것이다. 심지어 당신이 잠들어 있을 때조차 말이다.

이런 걸 누가 읽어보기나 할까?

이메일을 열어서 보는 확률이 저조하더라도 걱정하지 마라. 업계 표준이 20퍼센트이니 20퍼센트만 넘는다면 잘되고 있는 것이다. 그리고 기억하라. 누군가 이메일을 보자마자 삭제하더라도 목표는 이미 달성된 것이다. 고객의 우주 속에 당신의 브랜드가 각인되었기 때문이다.

누군가 이메일 목록에서 탈퇴한다면 그것도 좋은 일이다. 어차피 그 사람은 무언가를 사갈 사람이 아니기 때문이다. 그러면 목록의 크기가 줄어들어서 이메일 서비스 제공자에게 지불할 돈도 그만큼 줄어든다. 마케팅을 하면서 누군가를 귀찮게 만들고 싶지는 않을 것이니 누군가 탈퇴하면 좋은 일이다. 구매 의향이 전혀 없는 수많은 사람들보다는 구매 가능성이 높고 관심이 있는 사람들의 이메일 목록을 보유하는 게 중요하다.

나 역시 거의 열어보지 않는 수많은 이메일 목록에 이름을 올려두고 있다. 왜 탈퇴하지 않는 걸까? 스무 번에 한 번 정도는 열어보고 싶은 이메일이 도착하기 때문이다. 삭제된 많은 이메일들은 내 무의식에 그 회사들의 이름을 각인시키고 있다.

시작

자동화된 이메일 캠페인에는 여러 종류가 있지만 처음에 추천하는 것은 '고객 육성 캠페인'이다. 고객 육성 캠페인이란 가입자들에게 제품이나 서비스와 관련한 가치 있는 정보를 제안하는 간단한 정기 이메일이다.

고객 유치용 밑밥과 마찬가지로 이런 이메일도 계속해서 브랜드를 가이드로 설정하는 내용이어야 한다. 그리고 잠재 고객에게 신뢰감과 돈독한 관계를 만들어주어야 한다. 구매를 요청해야 할 때도 오겠지만 그게 고객 육성 캠페인의 주된 목적은 아니다. 전형적인 고객 육성 캠페인라면 일주일에 한 번씩 이메일이 발송될 테고 아마 다음과 같은 순서가 될 것이다.

이메일 #1 : 고객 육성 이메일
이메일 #2 : 고객 육성 이메일
이메일 #3 : 고객 육성 이메일
이메일 #4 : 행동 촉구가 담긴 세일즈 이메일

매달 이런 식의 패턴을 반복할 수도 있다. 몇 달분의 자료를 만들어 놓고 발송하면서 시간이 되면 추가하는 쪽을 추천한다. 중요한 것은 가치가 큰 무언가를 제안한 다음 때때로 주문을 요청하는 것이다. 그리고 사람들에게 이 브랜드가 그들의 삶을 더 좋게 만들 수 있는 제품과 서비스를 갖고 있다고 일깨워주도록 한다. 금세 수백 명의 잠재 고객이 당신의 브랜드에 관해 알게 될 것이다. 전문 분야의 도움이 필요해지면 당신의 브랜드를 기억하고 주문을 해올 것이다.

그렇다면 고객 육성 이메일과 행동 촉구가 담긴 세일즈 이메일의 차이는 뭘까?

고객 육성 이메일

고객 육성 이메일을 잘 만드는 방법은 효과적인 공식을 사용해 고객에게 도움이 되는 간단한 조언을 제공하는 것이다. 나는 오랫동안 이 공식을 써보았는데 고객들이 아주 좋아했다.

1. 문제에 관해 이야기한다.

2. 그 문제를 해결할 수 있는 계획을 이야기한다.

3. 해당 문제가 해결되면 삶이 얼마나 달라질지 묘사한다.

말미에 P.S.를 붙이는 방법도 추천한다. 대량 이메일을 열었을 때 P.S.만 읽어보는 사람도 많다.

이게 전부다. 최대한 효율적으로 위 세 가지를 이야기할 수 있다면 고객은 여러분이 작성한 이메일을 열어보고, 읽고, 기억할 것이다.

고객 육성 이메일 잘 쓰기

최근에 우리는 애견 호텔 사업을 키우고 싶어 하는 어느 기업가의 자문을 하게 됐다. 우리는 '주인이 멀리 떠났을 때 강아지가 생각하는 5가지'라는 제목의 고객 유치용 PDF를 만들어서 이메일 주소와 교환하라고 추천했다. 누군가 이 PDF를 다운로드받고 나면 며칠 후 다음과 같은 첫 번째 이메일을 받게 되어 있었다.

제목 : 개를 마음껏 먹여도 될까요?

___ 님께,

크레스트힐에서는 종종 개를 마음껏 먹여도 되냐는 질문을 받습니다. 개에게 항상 밥을 주어 배고픈 일이 없도록 하는 게 가장 쉬운 일일 것입니다. 하지만 그렇게 되면 몇 가지 문제가 있습니다. 마음껏 먹게 된 개는 나이가 들어서 살이 찌는 경우가 자주 있고, 알지 못하는 사이 건강에 문제가 생기기도 합니다.

개에게는 하루에 한두 번 정해진 양의 사료를 줄 것을 추천합니다. 20분 후 개가 사료를 먹지 않았다면 남은 사료는 버리고, 다음 번 밥 줄 시간까지 기다릴 것을 추천합니다.

정해진 시간에 정해진 양의 사료를 주게 되면 개가 얼마나 먹는지, 혹시 식욕을 떨어뜨릴 만한 병에 걸리지는 않았는지 모니터링할 수 있습니다. 이 방법이 오랫동안 여러분의 개가 건강하고 행복할 수 있는 길입니다.

그래야 우리도 오래오래 개와 함께 행복할 수 있겠죠.

감사합니다.

P.S. 우리 개가 얼마나 먹어야 하는가 하는 문제는 개의 나이와 크기에 따라 다릅니다. 다음번에 개를 데리고 저희 가게를 방문하시게 되면 저희에게 개를 보여주세요. 그러면 해당 품종에 관해 아는 대로 말씀드리겠습니다.

위 이메일의 끝에는 이 업체의 로고와 함께 킬링 한 줄, 그리고 혹시 주문이 필요할 경우를 대비한 전화번호가 적혀 있었다. 그러나 주문을 받는 것이 이 이메일의 주된 목적은 아니었다. 이 이메일의 주된 목적은 가치 있는 무언가를 제안하고, 회사를 가이드로 포지셔닝하며, 고객과 돈독한 관계를 쌓는 것이었다.

매주 이런 이메일을 받게 된다면 개 주인들의 마음에 이 회사가 어떤 식으로 돋보일지 짐작이 갈 것이다. 잠재 고객이 다음번에 멀리 떠날 일이 있다면 분명히 이 업체를 기억하고 개를 맡길 것이다.

이 업체는 이런 이메일을 세 번 더 보낸 다음 구매 제안과 행동 촉구가 포함된 이메일을 보냈다.

구매 제안과 행동 촉구 이메일

고객 육성 이메일을 서너 번 보낼 때마다 제품이나 서비스를 고객에게 제안해야 한다. 핵심은 직접적이어야 한다는 점이다. 소극적이 되지 마라. 소극적인 태도는 약해 보인다. 이때는 분명하게 구매 제안을 해야 한다. 아마도 다음과 같은 공식을 따르게 될 것이다.

1. 문제에 관해 이야기한다.
2. 그 문제를 해결할 수 있는, 여러분이 제안하는 제품을 묘사한다.
3. 문제가 해결되면 삶이 얼마나 달라질지 묘사한다.
4. 소비자에게 판매로 이어질 직접적인 행동을 촉구한다.

구매 제안과 행동 촉구 이메일 잘 쓰기

고객 육성 이메일과 마찬가지로 구매 제안과 행동 촉구 이메일도 문제 해결을 목표로 한다. 차이가 있다면 그 해결책이 당신 브랜드의 제품이고, 강력한 행동 촉구가 들어 있다는 점이다. 이 가입자에게 거래를 하자고 초대해야 한다. 아래는 크레스트힐 애견 호텔을 위해 우리가 작성한 구매 제안과 행동 촉구 이메일이다.

제목 : 애견 호텔이 무서울 때 해결책

_____ 님께.

저희와 마찬가지로 여러분도 멀리 떠나실 때 개만 남겨두고 가기가 정말 싫으실 겁니다. 더구나 여러분의 개가 스트레스를 받아서 마구 짖어대는 다른 개들과 함께 상자에 갇혀 있다면 더욱 싫겠죠. 개를 사랑하는 저희도 그런 기분이 정말 싫었습니다. 그래서 만든 게 크레스트힐 동물 호텔입니다.

크레스트힐에서는 낮 동안 개들이 너무 열심히 뛰어놀아서 밤이 되면 얼른 자려고 합니다. 저희는 정직원 세 명이서 테니스 공을 던져주고 개들이 뛰어다니며 놀게 하여, 개들이 집이 아닌 곳에 있다는 사실을 잘 인식하지 못하게 만듭니다. 그러고 나면 밤이 되었을 때 다른 개들도 얼른 자고 싶어 할 테니 여러분의 개도 편안히 쉴 수 있습니다. 저녁 8시에 저희가 개들을 재우고 나면 이곳은 얼마나 조용해지는지 모릅니다.

지금 예약하신다면 크레스트힐을 절반 가격에 사흘 동안 이용하실 수 있습니다. 이번 기회는 저희가 여러분의 애완동물을 얼마나 정성으로 돌보는지 소개하기 위해 마련된 1회 한정 행사입니다. 여러분의 개가 얼마나 저희 호텔에 오려고 하는지 알게 되시면 집을 떠나야 할 때도 마음이 훨씬 편하실 겁니다. 더이상 죄책감을 느낄 필요도, 마음 아프게 인사를 하실 필요도 없습니다.

이번 기회를 이용하고 싶다면 전화 주세요. 언제 떠나게 될지 일정을 모르더라도 상관없습니다. 저희 시스템에 쿠폰 이용자로 등록해두는 것으로 충분합니다.

오늘 555-5555로 전화주세요.

여러분의 개는 크레스트힐에서 전혀 다른 경험을 하게 될 겁니다.

감사합니다.

위 이메일에는 어마어마하게 많은 양의 콘텐츠가 들어 있다. 모두 크레스트힐의 브랜드 각본에서 나온 것들이다. 고객의 외적 문제와 내적 두려움은 물론 성공 칸의 요소들까지 포함되어 있다. 그러나 위 이메일의 핵심은 가입자가 크레스트힐의 제안을 구매할 경우 그들의 걱정 하나가 해결된다는 내용이다.

행동 촉구가 강력하며 약간은 희소한 기회라는 느낌을 주는 점에 유의하라. 일회성 제안이기 때문이다. 위 이메일을 읽은 사람이라면 누구나 우리가 그에게 어떤 행동을 원하는지 정확히 알 것이다. '크레스트힐에 개를 맡기는 것' 말이다.

작게 시작하라

이메일 캠페인을 시작해 운영한다는 것이 버겁게 느껴질 수도 있다. 하지만 꼭 그럴 필요는 없다. 처음에는 작게 시작하라. 일단 시작하기 위해 그냥 워드 문서를 열고 쓰고 싶은 내용을 써라. 그렇게 작성한 이메일을 나중에 이메일 애플리케이션에 복사해서 붙여넣기 하면 된다. 이렇게 첫 이메일을 쓰는 것이 1단계다. 다 쓴 메일을 읽어보면 고객에게 보내고 싶어질 것이다. 그게 시작이다. 알지도 못하는 사이에 하루 종일 고객의 관심을 끌어줄 강력한 이메일 시스템이 생길 것이다.

스토리브랜드 로드맵 과제 4 :
변신의 스토리를 수집하고 들려줘라

앞서 알아본 것처럼 설득력 있는 이야기에서 주인공의 변신보다 더 기본적인 내용은 없다. 이유가 뭘까? 변신이 모든 인간의 핵심적인 열망이기 때문이다. 수많은 스토리의 주인공들이 더 나은 사람으로 변신하는 이유는 그 때문이다.

사람들은 캐릭터가 변신하는 영화를 좋아한다. 그리고 자신들도 그런 변신을 경험하게 해주는 회사를 좋아한다. 당신의 브랜드가 고객의 변신을 어떻게 도와줄 수 있는지 가장 잘 묘사할 수 있는 방법은 바로 다른 고객의 증언이다.

훌륭한 증언은 미래의 고객에게 자신도 그렇게 될 수 있다는 희망을 준다. 문제는 어떻게 하면 딱 맞는 종류의 증언을 확보하느냐이다. 브랜드의 가치를 잘 보여주고, 브랜드가 고객에게 어떤 결과를 가져다줄 수 있는지, 이 브랜드와 작업한 사람들이 어떤 경험을 했는지 가장 잘 보여줄 수 있는 증언 말이다. 단순히 증언을 부탁하는 것으로는 보통 효과가 없다. 왜냐하면 고객은 자신이 느끼는 감정을 공유하려 들 것이기 때문이다.

"낸시는 훌륭한 친구예요! 낸시와 팀원들을 적극 추천해요!"

감사한 말이기는 하지만, 변신의 스토리를 잘 들려주지는 못하고 있다. 구체적인 결과도 언급되지 않았고 변신 후 지금의 삶이 어떻게 달라졌는지 자세한 내용도 빠졌다.

고객들에게 증언을 써달라고 부탁한다면 고객은 1) 깊은 생각을 하고 증언을 쓰기에는 너무 바쁘거나 2) 글을 잘 못 쓰거나 소통 능력이 부족할 가능성이 높다.

마음에 와닿는 변신의 이야기를 엮어내려면 질문을 제대로 해야 한다. 즉 작업할 바탕이 필요하다. 다음 질문들을 활용하면 어떤 고객을 상대하든 빠르고 쉽게 설득력 있는 증언들을 받을 수 있을 것이다.

이 질문들이 효과가 있는 이유는 고객이 구체적인 생각의 과정을 따라가도록 이끌어주기 때문이다. 다음 질문들을 이용해서 고객들이 그냥 채우기만 하면 되는 양식을 하나 만들어라. 고객이 양식을 채운 뒤 그 문장들의 자연스러운 흐름을 따라 답변을 복사해 붙이기만 해도 고객에 대한 케이스 스터디가 만들어질 것이다.

다음 질문들을 이용해서 영상 증언을 만들 수도 있다. 그냥 고객들을 인터뷰에 초대해서 이 질문들을 하라. 영상을 편집하고 부가 영상을 삽입한 후 해당 영상을 웹사이트에 게재하거나 고객 육성 이메일 또는 세일즈 이메일 광고에 실으면 된다.

고객 증언에서 최고의 답변을 끌어낼 가능성이 가장 높은 질문 5가지는 다음과 같다.

1. 이 제품을 발견하기 전에 가지고 있던 문제는 무엇입니까?
2. 그 문제를 해결하려고 노력했을 때 어떤 좌절을 느꼈습니까?

3. 이 제품은 어떤 점이 달랐습니까?

4. 이 제품이 실제로 문제 해결에 효과가 있다는 걸 깨달았던 순간을 설명해주세요.

5. 문제가 해결됨으로써 삶이 어떻게 달라졌는지 말씀해주세요.

질문의 흐름이 자연스럽게 변신의 스토리를 만들어낸다는 사실을 알 수 있을 것이다. 증언을 청취하고 나면 이메일, 프로모션 영상, 기조연설, 라이브 인터뷰, 행사 등 모든 곳에 증언을 등장시켜라. 어느 시즌에 우리는 '스토리브랜드 만들기' 팟캐스트의 한 에피소드가 끝날 때마다 고객의 인터뷰로 마무리한 적이 있다. 스토리브랜드 공식을 활용해 사업과 인생이 바뀐 사람들의 이야기였다. 반응은 어마어마했다. 마케팅 워크숍 등록자가 급증하는 것을 즉시 목격할 수 있었다.

핵심은 사람들이 변신을 좋아한다는 사실이다. 남들이 변신하는 모습을 보면 자신도 변신하고 싶어진다. 고객이 경험한 변신의 여정을 많이 등장시킬수록 당신의 브랜드도 더 빨리 성장할 것이다.

스토리브랜드 로드맵 과제 5 : 소개가 늘어나는 시스템을 만들어라

사업체를 소유한 사람에게 새로운 고객을 어떻게 확보하느냐고 물어보라. 대부분은 '입소문'이라고 답할 것이다. 그렇다면 모든 회사가 입소문 소개를 더 많이 만들어낼 수 있는 시스템을 갖고 있어야 하지만, 안타깝게도 현실은 그렇지 못하다.

잠재 고객을 실제 고객으로 바꾸는 시스템을 만들고 난 뒤 최종 단계는 만족한 고객들을 초대해 브랜드의 추종자로 바꾸는 것이다. 그러려면 소문을 퍼뜨려줄 사람들을 초대해서 인센티브를 주는 시스템을 만들어야 한다. 미국 마케팅협회에서 실시한 다양한 연구 결과를 보면 소개 및 동료 추천은 그 어느 마케팅 채널보다 최고 2.5배나 높은 반응을 보인다.

간단하고 재미있게 브랜드 각본을 만든 사람이라면 분명한 메시지를 만들어낼 수 있다. 그렇다면 이제는 그 메시지를 고객들이 친구나 가족에게 그대로 들려줄 수 있는 시스템을 구축할 차례다.

효과적인 소개 시스템을 만들려면 어떤 것들이 필요한지 차근차근 살펴보기로 하자.

1. 기존의 이상적인 고객이 누구인지 확인하라

현재 도미노피자의 웹사이트를 방문해보면 꼭대기에 이런 링크가 있다. "피자 프로필이 없다면? 지금 만들어보세요." 작은 글씨로 적혀 있지만 이 링크는 어마어마한 돈을 벌어다준다. 도미노피자를 자주 주문하는 사람들은 이 링크를 이용하면 자신만의 완벽한 피자를 만들 수 있고 주문할 때 사용할 신용카드 정보도 입력할 수 있다. 그러고 나면 도미노에서 해당 고객들에게 재주문 의사를 물어보는 메일을 보낸다. 특히 중요한 미식축구 경기나 주말 연휴처럼 고객들이 피자를 즐길 가능성이 높은 큰 이벤트가 있을 때 말이다.

이제 이 전략을 한 차원 더 끌어올린다고 상상해보자. 기존의 열정적인 고객들을 대상으로 특별 데이터베이스를 만들어서 다른 방식으로 소통한다면 더 많은 소개를 받을 수 있지 않을까? 기존 팬들이 브랜드에 관한 소문을 퍼뜨리는 데 사용할 수 있는 툴을 이용해 간단한 캠페인을 만드는 게 핵심이다. 이렇게 하면 기존 사업을 키울 수 있을 뿐 아니라 만족한 고객들이 적극적인 세일즈맨이 되어 친구들을 초대할 것이다.

2. 고객들에게 소문을 퍼뜨릴 이유를 만들어줘라

몇 년 전 어느 컨설팅 회사의 서비스를 이용한 적이 있는데, 그들의 시스템은 나에게 소개 리스트를 요구했다. 그 요청을 보는 즉시 불쾌해졌다. 나를 이용한다는 기분이 들었고 심지어 나를 그들의 세일즈맨 중 한 명으로 만들려 한다는 생각이 들었다.

사실 그 회사는 서비스가 훌륭했다. 만약 다른 방식으로 요청을 했다면 나는 아마 동의했을 것이다. 특히 그 회사가 가치 있는 작은 교육용 영상이라도 만들었더라면 나는 친구들의 이메일 주소를 넘기는 것보다 훨씬 더 빨리 그 영상을 퍼뜨렸을 것이다.

기존 고객들에게 자동으로 전송할 수 있는 PDF나 영상을 만들어서 다음과 같은 이메일과 함께 발송하는 것을 고려해보라.

친애하는 고객님.

저희와 거래해주셔서 감사합니다. 많은 고객님들이 저희가 어떤 식으로 고객을 돕는지 친구들에게 설명해주고 싶어 했으나 그동안 방법을 잘 몰랐습니다. 고객님의 친구가 'X 문제'를 해결하는 데 도움이 될 만한 작은 영상을 동봉하오니 'X 문제'를 가진 친구가 있다면 얼마든지 전송해주시기 바랍니다. 그 어떤 분이든 요청이 있으면 기꺼이 응답할 것이며, 저희가 도움이 되었는지 고객님께도 알려드리겠습니다.

고객님께서 인간관계를 소중히 생각하신다는 점을 잘 알고 있습니다. 저희도 그렇습니다. 고객님의 친구 분이 고객님과 똑같은 문제를 겪고 있다면 저희는 그분 역시 흔쾌히 도와드리고 싶습니다. 그 외에 저희의 도움이 필요한 일이 있으시다면 얼마든지 말씀해주십시오.

감사합니다.

P.S. 'X 문제'는 큰 골칫거리가 되기도 합니다. 친구 분에게 저희를 직접 소개하고 싶으시다면 알려만 주십시오. 친구 분의 사업장 또는 저희 사무실에서 기쁘게 만나 뵙도록 하겠습니다.

3. 보상을 줘라

정말로 효과를 극대화하고 싶다면 친구를 소개하는 고객에게 보상을 줘라. 앞서 언급한 간편 조리식을 문 앞까지 배달해주는 블루 에이프런의 경우, 고객인 내 아내는 먹어보라고 친구들 수십 명을 초대했다. 아내의 친구들 다수가 이 서비스를 좋아했고 직접 가입했다. 그리고 누군가 가입할 때마다 아내는 블루 에이프런으로부터 보상을 받았다.

보상을 주는 또 다른 방법은 제휴 프로그램을 시작하는 것이다. 주문을 받아오는 고객에게 10퍼센트의 커미션을 제안할 수도 있다. 수천 개의 기업이 이 방법을 이용해 수백만 달러를 벌어들였다. 보상 비율만 잘 짠다면 훌륭한 제휴 프로그램은 값비싼 세일즈 인력이 하는 일을 대신해줄 수 있다.

자동화하라

메일 침프Mail Chimp나 인퓨전소프트Infusionsoft, 허브스폿 HubSpot 등 기타 이메일 마케팅 시스템을 활용하면 빠르고 쉽게 소개 시스템을 자동화할 수 있다. 한두 번 주문한 고객이 있다면 전달할 수 있는 교육용 영상이나 PDF 파일을 동봉한 자동화 캠페인을 목록에 포함시켜라. 친구에게 우리 브랜드를 소개하면 추가적 가치나 보너스, 커미션 등을 지급하라. 고객이 주문을 여러 번 넣은 다음에는 시스템에서 제외되도록 하라. 그래야 고객이 물건을 사려고 주문을 할 때마다 자동화 캠페인을 받는 일이 없어진다. 고객을 짜증나게 만들어서는 안 된다.

소개 시스템의 실제 사례

소개 시스템을 사용하려면 노력이 필요하지만 효과는 좋다. 아래 사례들을 보고 힌트를 얻기 바란다. 노력한 만큼 보상이 따른다는 사실을 느끼게 될 것이다.

학기 내에 3명을 소개할 경우 100퍼센트 환급

고등학생들이 SAT나 ACT 대학입학시험을 준비하는 방과 후 시험 준비 학원에서 낸 아이디어다. 하지만 직업에 상관 없이 사용할 수 있는 시스템이다. 학부모들은 친구들끼리 자녀 연령대가 비슷하다. 그렇기 때문에 학부모에게 친구들한테 나눠줄 수 있는 소개 카드를 지급했다. 비싼 수업이었기 때문에 카드가 한 장 돌아올 때마다 소개해준 사람은 수백 달러의 쿠폰을 받았다! 새로운 등록자 3명을 소개하면 학원비를 100퍼센트 환급해주었다. 물론 아이들은 시험 성적으로 경쟁했지만, 나중엔 학부모들이 소개로 경쟁했다. 사업이 폭발적으로 성장한 것은 말할 것도 없다. 이 학원은 또한 100퍼센트 소개 클럽에 들어간 학부모와 학생들을 위해 특별 세미나도 개최했다.

친구 초대 쿠폰

학생들이 골프 수업에 등록하면 친구들에게 나눠줄 수 있는 골프 공 쿠폰을 여러 개 지급했다. 골프는 개인 경기이면서도 여럿이서 함께 즐기는 사회적 스포츠다. 입소문이 금세 퍼져서 이 골프장의 수업 등록 학생 수는 40퍼센트나 증가했다.

오픈 하우스 파티

어느 주택 건설업자는 대규모 프로젝트가 끝나고 나면 항상 집 주인에게 약간의 할인을 해줄 테니 오픈 하우스 파티를 열 수 있는지 물었다. 그러면 집주인은 친구, 가족, 이웃들을 불러서 새로 만든 테라스에서 야외 파티를 열었다. 이 건설업자는 그 기회를 이용해 이 집을 어떻게 지었는지 설명하며 명함을 돌렸다. 그런 식으로 오픈 하우스 파티 몇 번으로 이 건설업자는 1년치 일감을 모두 의뢰받았다.

후속 사진 무료

뉴욕에 있는 어느 웨딩 사진업체는 신혼부부가 결혼할 때 3명을 소개할 경우 결혼 1주년 기념사진을 무료로 촬영해주었다. 그리고 결혼 축하 파티에도 함께 참석해 그들을 촬영하는 게 얼마나 즐거운 작업이었는지 이야기했다. 두말할 필요도 없이 사업은 번창했다. 결혼 축하 파티에 참석하는 사람들은 결혼 예정인 경우가 많기 때문이다.

여러분의 마케팅 계획

20대 때 나는 1년 내내 체스만 둔 적이 있다. 거의 매일 친구와 커피숍에서 만나 두 시간씩 체스를 두었다. 나는 체스 실력이 늘었고 경기의 절반 이상을 이기게 됐다. 그러다가 다른 친구가 나타났다. 그 친구는 매번 나를 이겼는데 보통은 20수 안에 승부가 결정나버렸다.

이유가 뭐였을까? 체스의 원리에 관해서는 꽤 많이 알고 있었지만 나에게는 소위 '오프닝opening'이라는 게 없었기 때문이다. 노련한 나의 적수는 자리에 앉기도 전에 첫 다섯 수를 이미 생각해두었다. 그의 성공에는 이 오프닝 전략이 핵심적인 역할을 했다. 오프닝 몇 종류를 외웠더니 나도 다시 이기기 시작했다.

스토리브랜드 공식이 튼튼한 토대라면 실천 로드맵의 5가지 아이디어는 오프닝에 해당한다. 간단하지만 강력한 힘을 발휘하는 이 5가지 툴을 사용해 수많은 회사들이 매출을 증가시켰다.

다시 한 번 말하지만 이 로드맵은 하나의 '체크리스트'라고 생각하기 바란다. 브랜드 각본을 만들고 난 후 이 로드맵의 각 부분을 적용해보기 바란다. 고객의 관심이 늘어나고 회사가 성장하는 것이 보일 것이다.

후기

안타깝게도 주위를 둘러보면 가장 분명하게 소통하는 사람들이 반드시 가장 좋은 제품이나 서비스를 가진 것은 아니라는 사실을 금세 알수 있다. 때로는 1등이 될 자격이 없는 경우도 많다.

스토리브랜드는 최고의 제품과 서비스를 만드는 사람들, 1등이 되어야 할 사람들이 자신의 목소리를 내는 데 도움이 되기를 바란다. 착한 사람들이 나쁜 사람들보다 마이크를 더 많이 잡기를 바란다. 열심히 일하는 사람들이 고객의 삶을 더 좋게 만들어줄 스토리 속으로 고객을 초대할 때 세상은 더 좋은 곳이 된다.

세상을 더 좋은 곳으로 만드는 데 가장 큰 힘을 쓸 수 있는 사람들이 바로 기업하는 사람들이다. 기업을 통해 우리는 일자리와 팀원들이 일할 커뮤니티, 훌륭한 사람들의 의미 있는 작업, 고객들의 문제를 해결할 제품과 서비스를 만들어낸다.

요즘 냉소적인 사람들이나 정치가들 사이에는 기업이 나쁘다는 인식이 많이 자리 잡고 있다. 그들은 기업이 세상을 망친다고 말한다. 물론 그런 경우도 없지는 않겠지만, 나는 아직까지 그런 기업을 만나보지 못했다. 우리와 함께 작업했던 기업들은 고객의 삶을 향상시키고 싶어 했다. 나는 그런 이들을 도울 수 있어서 감사했다.

매일매일 회사를 성장시키는 것은 쉬운 일이 아니다. 나는 직원들을 해고하는 일이 생기지 않도록 어떻게 하면 매출을 만들어낼까 고민하느라 밤잠을 설칠 때의 그 기분을 안다. 이런 스트레스를 줄이기 위해 만든 것이 스토리브랜드 공식이다. 시장에서 당당히 목소리를 내고, 회사를 성장시키고, 고객의 삶을 바꿔놓기 위해 만든 것이 스토리브랜드 공식이다. 당신들의 노고에 감사드린다. 그런 노력들이 정말 중요하다.

'헷갈리면 이미 진 것'이라는 말은 진짜다. 분명한 메시지를 전해야만 고객은 귀담아듣는다. 이 책은 착한 사람들의 승리를 기원한다.

훌륭한 스토리에서는 언제나 착한 사람들이 이기니까.

NOTES

주

1부: 왜 당신의 마케팅은 폭망했나? – 스토리에도 공식이 있다

1. Samantha Sharf, "The World's Largest Tech Companies 2016: Apple Bests Samsung, Microsoft and Alphabet," Forbes.com, May 26, 2016, http://www.forbes.com/sites/ samanthasharf/2016/05/26/the-worlds-largest-tech -companies-2016-apple-bests-samsung-microsoft-and -alphabet/#2b0c584d89ee.
2. Alfred Hitchcock: Quotes, IMDB, http://m.imdb.com/name/ nm0000033/quotes.

2부: 무기가 되는 스토리 – 스토리브랜드 7단계 공식

1. "Great Presentations: Understand the Audience's Power," *Duarte*, http://www.duarte.com/ great-presentations-understand-the-audiences-power/.
2. Ronald Reagan, "Farewell Address to the Nation," January 11, 1989, The American Presidency Project, http://www.presidency .ucsb.edu/ws?pid+29650.
3. "President Bill Clinton—Acceptance Speech," *PBS Newshour*, August 29, 1996, http://www.pbs.org/newshour/bb/ politics-july-dec96-clinton_08-29/.

4. Claire Suddath, "A Brief History of Campaign Songs: Franklin D. Roosevelt," *Time*, http://content.time.com/time/specials/packages/article/0,28804,1840998_1840901,00.html.

1단계 캐릭터

1. Viktor E. Frankl, *Man's Search for Meaning* (Boston: Beacon Press, 2006).

2단계 난관에 직면한다

1. James Scott Bell, *Plot & Structure: Techniques and Exercises for Crafting a Plot That Grips Readers from Start to Finish* (Cincinnati, OH: Writer's Digest Books, 2004), 12.
2. "Why CarMax?," CarMax.com, accessed February 10, 2017, https://www.carmax.com/car-buying-process/why-carmax.
3. "The Just 100: America's Best Corporate Citizens," *Forbes*, May 2016, http://www.forbes.com/companies/carmax/.

3단계 가이드를 만난다

1. James Scott Bell, *Plot & Structure: Techniques and Exercises for Crafting a Plot That Grips Readers from Start to Finish* (Cincinnati, OH: Writer's Digest Books, 2004), 31–32.
2. Christopher Booker, *The Seven Basic Plots: Why We Tell Stories* (London: Continuum, 2004), 194.
3. Ben Sisario, "Jay Z Reveals Plans for Tidal, a Streaming Music Service," the *New York Times*, March 30, 2015, https://www.nytimes.com/2015/03/31/business/media/jay-z-reveals-plans-for-tidal-a-streaming-music-service.html.
4. Ibid.
5. "Clinton vs. Bush in 1992 Debate," YouTube video, 4:08, posted

by "Seth Masket," March 19, 2007, https://www.youtube.com/watch?v=7ffbFvKlWqE.

6. Infusionsoft home page, accessed February 9, 2017, https://www.infusionsoft.com.

7. Amy Cuddy, *Presence: Bringing Your Boldest Self to Your Biggest Challenges* (New York: Little Brown and Company, 2015), 71–72.

4단계 계획을 제시한다

1. "Why CarMax?," CarMax.com, accessed February 10, 2017, https://www.carmax.com/car-buying-process/why-carmax.

2. Arlena Sawyers, "Hot Topics, Trends to Watch in 2016," *Automotive News*, December 28, 2015, http://www.autonews.com/article/20151228/RETAIL04/312289987/hot-topics-trends-to-watch-in-2016.

6단계 실패를 피하게 도와준다

1. Susanna Kim, "Allstate's 'Mayhem' Is Biggest Winner of College Bowl," ABC News, January 2, 2015, http://abcnews.go.com/Business/allstates-mayhem-biggest-winner-college-bowl/story?id=27960362.

2. Daniel Kahneman and Amos Tversky, "Prospect Theory: An Analysis of Decision under Risk" (*Econometrica, 47*(2), March 1979), 263–91, https://www.princeton.edu/~kahneman/docs/Publications/prospect_theory.pdf.

3. Dominic Infante, Andrew Rancer, and Deanna Womack, *Building Communication Theory* (Long Grove, IL: Waveland Press, 2003), 149.

4. Ibid., 150.

7단계 성공으로 끝맺는다

1. Stew Friedman, "The Most Compelling Leadership Vision," *Harvard Business Review*, May 8, 2009, https://hbr.org/2009/05/ the-most-compelling-leadership.

그 모든 것의 기초 고객이 진정 원하는 것

1. "Hello Trouble," Vimeo video, 1:44, posted by Adam Long, February 13, 2013, https://vimeo.com/59589229.

3부: 나의 회사를 성장시킬 비밀 병기 - 최종 단계 회사를 위한 실천 로드맵

1. The Gallup Organizaion (1992-1999). Gallup Workplace Audit, Washington, DC: U.S. Copyright Office.
2. Susan Sorenson and Keri Garman, "How to Tackle U.S. Employees' Stagnating Engagement," Gallup, June 11, 2013, http://www.gallup.com/businessjournal/162953/tackle -employees-stagnating-engagement.aspx.

지은이 도널드 밀러 Donald Miller

도널드 밀러는 마케팅 컨설팅 업체 스토리브랜드StoryBrand의 CEO이자 아마존 베스트셀러 종합 1위에 오른 작가이며, 〈빌딩 어 스토리브랜드Building a StoryBrand〉 팟캐스트의 공동 진행자이다. 도널드는 독자를 사로잡는 강력한 스토리라는 불변의 보편적 공식이 있음을 깨닫고 이를 마케팅 기법으로 체계화하였다. 컨설팅 기업 〈스토리브랜드StoryBrand〉를 창립하여 인텔, 팬틴, 켄 블랜차드 컴퍼니 등 매년 3,000명이 넘는 비즈니스 리더에게 영감을 주고 있다.

옮긴이 이지연

서울대학교 철학과를 졸업 후 삼성전자 기획팀, 마케팅팀에서 일했다. 현재 전문 번역가로 활동 중이다. 옮긴 책으로는 『파괴적 혁신』, 『카피 공부』, 『위험한 과학책』, 『제로 투원』, 『인문학 이펙트』, 『토킹 투 크레이지』, 『기하급수 시대가 온다』, 『빅데이터가 만드는 세상』, 『나인』, 『리더는 마지막에 먹는다』, 『빈곤을 착취하다』, 『우주에 관한 거의 모든 것』, 『플라스틱 바다』, 『단맛의 저주』, 『행복의 신화』, 『평온』, 『매달리지 않는 삶의 즐거움』, 『다크 사이드』, 『레바나』, 『포제션』, 『아이디어 생산법』 외 다수가 있다.

무기가 되는 스토리
브랜드 전쟁에서 살아남는 7가지 문장 공식

펴낸날 초판 1쇄 2018년 9월 30일
　　　　초판 24쇄 2024년 10월 10일
지은이 도널드 밀러
옮긴이 이지연
펴낸이 이주애, 홍영완
책임편집 백설희
마케팅총괄 김진겸, 김가람
디자인 김주연
펴낸곳 (주)윌북 출판등록 제2006-000017호
주소 10881 경기도 파주시 광인사길 217
전화 031-955-3777 팩스 031-955-3778
홈페이지 willbookspub.com
블로그 blog.naver.com/willbooks 포스트 post.naver.com/willbooks
트위터 @onwillbooks 인스타그램 @willbooks_pub
ISBN 979-11-5581-185-6 03320